BERLITZ •ESSENTIAL• SPANISH

Berlitz Publishing Company, Inc., 257 Park Avenue South, New York, NY 10010, USA

Berlitz Publishing Company, Ltd., London Road, Wheatley, Oxford OX9 1YR, UK

ISBN 2-8315-1799-0

First Printing. Printed in U.S.A. – August 1992.

ESSENTIAL SPANISH

CONTENTS

INTRODUCTION

For over a century, Berlitz language courses and books have helped people learn foreign languages for business, for pleasure, for travel - and helped people improve their ability to communicate with their fellow human beings all over the world. With more than 30 million students to date, Berlitz has maintained a tradition of excellence in language instruction that goes back to the founding of the company in 1878 by Professor Maximilian Berlitz.

Professor Berlitz's great innovation in the teaching of a foreign language was to modify the old practice of teaching grammar and vocabulary by rote, concentrating instead on the dynamic application of the living language from the moment a student begins his or her study. This Berlitz Essential book continues this successful method of foreign language teaching through dialog, phonetics and vocabulary.

Whether you're a beginner who's never studied a foreign language or a former student brushing up on old skills, Berlitz Essential Spanish will provide you with all the tools and information you need to speak a foreign tongue easily and effectively. Furthermore, the book is designed to permit you to study at your own pace, based on your level of expertise.

* Lively bilingual dialogs describe actual, everyday situations in which you might find yourself when travelling in a foreign country.

* A phonetic guide to pronouncing words allows you to acquire the sounds of the language through the use of this book alone.

* Basic grammar is taught through actual phrases and sentences, which help you develop an instinctive sense of correct grammar without having to study long lists of rules and exceptions.

* An exercise section at the end of each lesson gives you the opportunity to pinpoint your strengths and weaknesses, and enables you to study more efficiently.

* The glossary at the end of the book gives you an easy reference list of all the words used in the book.

HOW TO USE THIS BOOK

The best way to learn any language is through consistent daily study. Decide for yourself how much time you can devote to the study of Essential Spanish each day - you may be able to complete two lessons a day or just have time for a half-hour of study. Set a realistic daily study goal that you can easily achieve, one that includes studying new material as well as reviewing the old. The more frequent your exposure to the language, the better your results will be.

THE STRUCTURE OF THE BOOK

* Read the dialog at the beginning of each lesson aloud, slowly and carefully, using the translation and the pronunciation guide.

* When you have read the dialog through enough times to get a good grasp of the sounds and sense of it, read the grammar section, paying particular attention to how the language builds its sentences. Then go back and read the dialog again.

* When studying the vocabulary list, it is useful to write the words down in a notebook. This will help you remember both the spelling and meaning, as you move ahead. You might also try writing the word in a sentence that you make up yourself.

* Try to work on the exercise section without referring to the dialog, then go back and check your answers against the dialog or by consulting the answer section at the end of the book. It's helpful to repeat the exercises.

By dedicating yourself to the lessons in Berlitz Essential Spanish course, you will quickly put together the basic building blocks of Spanish, which will help you to continue at your own pace. You will find in this book all you need to know in order to communicate effectively in a foreign language; and you will be amply prepared to go on to master Spanish with all the fluency of a native speaker.

GUIDE TO PRONUNCIATION

The sounds of the language have been converted into phonetic guides in parentheses under the words in the beginning lessons and in the Pronunciation section of every lesson. Instead of using complicated phonetic symbols, we've devised recognizable English approximations that, when read aloud, will give you the correct pronunciation of the foreign words. You don't need to memorize the phonetics; just sound the word out and practice pronunciation (which may differ greatly from the actual spelling of the word) until you're comfortable with it.The phonetic guide is there to help you unlock the basic sound of each word; the accent and cadence of the language will eventually best be learned by conversation with someone who is already fluent.

Spanish is very regular in its pronunciation patterns, unlike English. A very important aspect of Spanish pronunciation is its system of stress. It is very important to make an effort to master these stress patterns as incorrect stress can lead to misunderstandings. The stress in Spanish words falls naturally on the last syllable when a word ends in a consonant, except for **n** and **s**. When a word ends in a vowel (**a, e, i, o, u**), or **n** or **s,** the stress falls naturally on the penultimate (last but one) syllable.

Whenever exceptions to these rules occur, the written accent is used. If this appears rather complicated, do not worry because the phonetics will indicate the stress to be used in each word. As you become more experienced in the language, you will develop an instinct for pronunciation and stress which will enable you to converse without thinking about it.

The vowels (a, e, i, o, u), are almost always pronounced as single independent sounds, even when they occur together. However, the combinations, **ai, au, ei, ie,** and **ue** are pronounced as diphthongs, or, in other words, as one unit.

Spanish - English

diphthong	*example*	*equivalent*	*symbol*	*phonetics*
ai	bailar	high	**ai**	bail**ar**
au	pausa	how	**ow**	**pow**sa
ei	peinar	hay	**ay**	pay**nar**
ie	piedra	yes	**ye**	**pye**dra
ue	puedo	wed	**we**	**pwe**do

Most Spanish letters will not cause pronunciation problems to the user of this book because they are similar to the sounds of the same letters in English. There may be a choice of sounds in some English letters and there are some real differences, which are listed below.

Spanish - English

letter	*example*	*equivalent*	*symbol*	*phonetics*
a	bala	after	**a**	**ba**la
e	pelo	bet	**e**	**pe**lo

i	isla	beet	ee	eesla
o	otro	taut	o	otro
u	uno	too	oo	oono
c + a,o,u	cada	cat	k	kada
	codo		k	kodo
	curar		k	koorar
c + e,i*	centro	thin	th	thentro
	cinta	thin	th	theenta
g + a,o	gama	gate	g	gama
	gota		g	gota
g + ue	guerra		g	gerra
g + ui	guía		g	geea
g + e,i	genial	loch (Scot)	x	xeneeal
	gigante		x	xeegante
h	h is never pronounced in Spanish			
j	juego	loch (Scot)	x	xwego
y	yo	yacht	y	yo
ll*	llueve	billion	ly	lyooebe
ñ	piña	onion	ny	peeña
qu	quiero	cat	k	keeero
r	ratón	roar	r	raton
rr	correr	(rolled r)	rr	korrer
v	viene	b	b	byene
x**	taxi	taxi	ks	taksee
z*	zeta	th	th	theta

*In Latin American countries there is almost complete uniformity in pronouncing these letters as follows:

in c + e, i the c is pronounced as s

ll is pronounced as y

z is pronounced as s

But one very good reason for learning Castilian pronunciation is that it ensures that it is more difficult to make spelling mistakes!

Note that **x in a very few words like México and mexicano, is pronounced like Spanish **j** in the pronunciation table above.

UNIDAD 1

¡HOLA, BUENOS DIAS!

HALLO!

Sr Martínez **¡Hola, buenos días!**
(senyor marteeneth ola, bwenos deeas)
Hello, good day.

El Señor **Buenos días, señor. ¿Qué tal?**
(bwenos deeas, senyor. ke tal)
Good day, sir. How's everything?

Sr Martínez **Muy bien gracias.**
(mooy byen gratheeas)
Just fine, thanks.

Un momento, por favor.
(oon momento por fabor)
A moment, please.

El Señor **¿Sí señor?**
(see senyor)
Yes, sir?

Sr Martínez **Una pregunta.**
(oona pre**gun**ta)
A question.

¿Esto es un plano?
(esto es oon **pla**no)
Is this a street map?

El Señor **Sí, señor. Es un plano.**
(see sen**yor** es oon **pla**no)
Yes, sir, it's a street map.

Sr Martínez **Y esto. ¿Es un plano o un mapa?**
(ee esto es oon **pla**no o oon **ma**pa)
And this, is it a street plan or a map of the region?

El Señor **Esto es un mapa.**
(esto es oon **ma**pa)
This is a map of the region.

Sr Martínez **¡Bien! ¿Y esto? ¿Es un mapa también?**
(byen ee **es**to es oon **ma**pa tam**byen**)
And this? Is this also a map of the region?

El Señor **No, señor. No es un mapa.**
(no sen**yor** no es oon **ma**pa)
No, sir. It is not a map of the region.

Sr Martínez **¿Qué es?**
(ke es)
What is it?

El Señor **Es un libro. Es un libro de español.**
(es oon **lee**bro es oon **lee**bro de espan**yol**)
It's a book. It's a Spanish book.

Sr Martínez **Muy bien, señor. ¡Adiós, hasta luego!**
(mooy byen sen**yor** ad**yos** asta **lwe**go)
Right, sir. Goodbye.

El Señor **Adiós, señor, hasta luego.**
(ad**yos** sen**yor** asta **lwe**go)
Goodbye sir. See you later.

1. PREGUNTAS Y CONTESTACIONES

PREGUNTA:

¿Qué es?
(ke es)
What is it?

un plano

CONTESTACION:

Es un plano.
(es oon **plano**)
It's a street map.

PREGUNTA:

¿Qué es?
(ke es)
What is it?

un mapa

CONTESTACION:

Es un mapa.
(es oon **mapa**)
It's a map.

PREGUNTA:

¿Qué es?
(ke es)
What is it?

un libro de español

CONTESTACION:

Es un libro de español.
(es oon **leebro** de espa**nyol**)
It's a Spanish book.

2. SI O NO

PREGUNTA:

¿Esto es un libro de español?
(esto es oon **leebro** de espa**nyol**)
Is this a Spanish book?

Sí.
(see)
Yes.

Sí, es un libro de español.
(see es oon **leebro** de espa**nyol**)
Yes, it's a Spanish book.

¿Esto es un plano?
(esto es oon **plano**)
Is this a street map?

No.
(no)
No.

No, no es un plano.
(no no es oon **plano**)
No it's not a street map.

PREGUNTA:

¿Qué es?
(ke es)
What is it?

CONTESTACION:

Es una guía.
(es **oona geea**)
It's a guidebook.

Notice the use of the inverted question mark (¿) and exclamation mark (¡) at the beginning of a question or exclamation. Practice writing these.

3. UN O UNA

There are two translations of "a" in Spanish: **un** and **una.** Masculine nouns take **un,** feminine nouns take **una.**

Always learn the gender of the word (masculine or feminine) at the same time as you learn the word itself (not just mapa, but **un** mapa, not just plano, but **un** plano, etc.).

Here are some words that take **una:**

una postal
(**oona** pos**tal**)
a postcard

una persona
(**oona** persona)
a person

una silla
(**oona seelya**)
a chair

¿Es una silla?
(es **oona seelya**)
Is it a chair?

No, no es una silla.
(no no es **oona seelya**)
No, it is not a chair.

¿Es una postal o un mapa?
(es **oona** postal o oon **mapa**)
Is it a postcard or a map?

Es una postal.
(es **oona** postal)
It is a postcard.

¿Es usted o el Señor Martínez?
(es oosted o el senyor marteeneth)
Is this you or Señor Martínez?

Es el Señor Martínez.
(es el senyor marteeneth)
It's Señor Martínez.

4. UNOS O UNAS, ALGUNOS O ALGUNAS

These are the words used for *some*. In each case the version for the masculine noun is quoted first. **Unos** (m), **unas** (f) are the plural of **un** and **una** respectively. They are more common than "algunos" (m) and "algunas" (f), which are the plurals of "algun" and "alguna."

Unos libros/algunos libros
(**oonos leebros**/algoonos **leebros**)
Some books.

Unas personas/algunas personas
(**oonaspersonas/algoonas personas**)
Some people.

5. EL O LA, LOS O LAS

The definite article "the" is translated in Spanish by **el** (pronounced: el) when the the noun is masculine (**un** libro -> **el** libro), or **la** (pronounced: la) when the noun is feminine (**una** persona -> **la** persona).

The plurals for **el** and **la** are **los** and **las**.

6. VOCABULARIO

el vocabulario: the vocabulary
(el bokaboolaryo)

la gramática: the grammar
(la gramateeka)

¡Hola!: Hello
¡Buenos días!: Good day, good morning!
¡Adiós!: Goodbye!
¡Hasta luego!: So long

señor: mister/sir
un señor: a gentleman
Señor Martínez: Mr Martínez
Señora Martínez: Mrs Martínez
Señorita Martínez: Miss Martínez

el diálogo: dialog
una pregunta: question
una contestación: answer

sí: yes
no: no
gracias: thank you

esto: this
¿qué tal?: How are things?
bien : well, good
mal: badly
muy: very
muy bien: very well
muy mal: very badly

un mapa: a map (area or country)
un plano: a street map
un libro de español: a Spanish book
un español: a Spaniard
un curso: a course
una postal: a postcard
una guía: a guidebook
una persona: a person
una silla: a chair
una ciudad: a city
(oona thyoodad)

OTRO VOCABULARIO

un, una: a
unos, unas: some
algunos, algunas: some
usted: you
otro, -tra : another; other
y: and
o: or
¿Qué es?: What is it?
de: of, from
también: also
una unidad: a unit

7. EJERCICIOS

A. ¿UN O UNA?

1. **una** silla
2. ___ plano
3. ___ mapa
4. ___ ciudad
5. ___ pregunta
6. ___ persona
7. ___ libro
8. ___ guía
9. ___ señor
10. ___ español de Madrid

B. ¿ES O NO ES?

1. Sí, <u>es</u> un plano.
2. No, ___ una guía.
3. Sí, ___ un curso.
4. No, ___ un señor.
5. No, ___ una postal.

C. ¿QUÉ ES?

1. a person: **una persona**
2 a map: ______
3. a city: ______
4. an answer: ______
5. a Spaniard: ______

D. ¿EL O LA?

1. **la** gramática
2. ___ libro
3. ___ señorita
4. ___ plano
5. ___ diálogo

UNIDAD 2

PRESENTACIONES

INTRODUCTIONS

Sr Martínez	**¡Hola buenos días! Soy Pablo Martínez. Y usted, ¿quién es?** (ola **bwe**nos **dee**as soy **pa**blo mar**tee**neth ee oos**ted kyen** es) Hello. I am Pablo Martínez. And you, who are you?
Srta Vázquez	**Yo soy Anita Vázquez. Soy mexicana. Y usted ¿es mexicano?** (yo soy a**nee**ta **bath**keth soy mexee**ka**na ee oos**ted** es mexee**ka**no) I am Anita Vázquez. I'm Mexican. And you, are you Mexican?

Sr Martínez **No. No soy mexicano. No soy venezolano, y no soy argentino tampoco.**
(no no soy mexeekano no soy benetholano ee no soy argenteeno tampoko)
No, I am not Mexican. I am not Venezuelan and I am not Argentinian either.

Srta Vázquez **¿De qué nacionalidad es usted?**
(de ke nathyonaleedad es oosted)
(Of) What nationality are you?

Sr Martínez **Yo soy español. Soy de Madrid. Y usted ¿de dónde es?**
(yo soy espanyol soy de madrid ee oosted de donde es)
I am a Spaniard. I am from Madrid. And you, where do you come from?

Srta Vázquez **Yo soy de Guadalajara. Soy mexicana. Ahora trabajo aquí en la Ciudad de México, en un banco. Es un banco muy grande. Y usted, ¿dónde trabaja?**
(yo soy de gwadalaxara soy mexeekana aora trabaxo akee en la thyoodad de Mexeeko en oon banko es oon banko mooy grande ee oosted donde trabaxa)
I am from Guadalajara. I am Mexican. Now I work here in Mexico City in a bank. It's a very large bank. And you, where do you work?

Sr Martínez **¿Yo? Yo trabajo en una escuela. Soy profesor.**
(yo yo trabaxo en oona eskwela soy profesor)
Me? I work in a school. I am a teacher.

Srta Vázquez **¿Quién es este chico?**
(kyen es este cheeko)
Who is this boy?

Sr Martínez **Es David. Estudia español. ¡David, David, un momento, por favor!**
(es dabeed estoodya espanyol dabeed oon momento por fabor)
He's David. He's studying Spanish. David, David a moment please.

David	**¡Hola, buenos días señorita!** (ola **bwe**nos **dee**as senyo**ree**ta) Hello, good morning.
Sr Martínez	**Señorita Vázquez, David; David, Señorita Vázquez.** (senyo**ree**ta **bath**keth Da**beed** Da**beed** senyo**ree**ta **bath**keth)
David	**Encantado.** (enkan**ta**do) Pleased to meet you.
Srta Vázquez	**Encantada. Mucho gusto.** (enkan**ta**da **moo**cho **goos**to) Pleased to meet you.

1. (YO) SOY - (YO) NO SOY

Soy Pablo Martínez
(soy **pa**blo mar**tee**neth)
I am Pablo Martínez.

No soy David.
(no soy da**beed**)
I am not David.

The words for I (**yo**), you (**usted**) etc. are frequently omitted. The verb part itself is generally sufficient to make the subject clear.
The negative (not) is formed by putting **no** before the verb. (We have seen an example of this in Unidad 1.)

Soy David.
(soy da**beed**)
I am David.

No soy el Señor Martínez.
(no soy el sen**yor** mar**tee**neth)
I am not Señor Martínez.

Soy Anita.
(soy a**nee**ta)
I am Anita.

No soy la Señora Martínez.
(no soy la sen**yo**ra mar**tee**neth)
I am not Mrs Martínez.

2. USTED ES - USTED NO ES

¿Es usted Pablo Martínez?
(es oos**ted** pa**blo** mar**tee**neth)
Are you Pablo Martínez?

¿Es usted Anita Vázquez?
(es oos**ted** a**nee**ta **bath**keth)
Are you Anita Vázquez?

¿Es usted David?
(es oos**ted** da**beed**)
Are you David?

In Spanish you do not need to change the word order to form a question though sometimes the pronoun (I, you, etc.) will follow the verb. Just remember the inverted question mark when writing and reading. Spanish word order is very flexible.

¿Es usted Pablo?
¿Usted es Pablo?
Are you Pablo? (question)

Es usted Pablo.
Usted es Pablo.
You are Pablo. (statement)

Usted no es Pablo Martínez.
(oosted no es pablo marteeneth)
You are not Pablo Martínez.

Usted no es Anita Vázquez.
(oosted no es aneeta bathketh)
You are not Anita Vázquez.

Usted no es David.
(oosted no es dabeed)
You are not David.

Entonces ¿Quién es usted?
(entonthes kyen es oosted)
So who are you?

→ Contestación: **Yo soy ...**
(kontestathyon: yo soy)
Answer: I am ...

¡Muy bien, gracias!
(mooy byen grathyas)
Right, thanks.

¿Es usted argentino? (= ¿Usted es argentino?) (= ¿Es argentino?)
(es oosted arxenteeno) (oosted es arxenteeno)
Are you Argentinian?

Pues, no es argentino.
(pwes no es arxenteeno)
Ah, you are not Argentinian.

¿Es usted venezolano?
(es oosted benetholano)
Are you Venezuelan?

¿No? ¿De qué nacionalidad es usted?
(no de ke nathyonalidad es oosted)
No? (Of) What nationality are you?

Contestación: (kontestathyon: Answer:	**Soy americano/Soy americana.** soy amereekano/soy amereekana) I am American.
	Soy español/española (soy espanyol/espanyola) I am Spanish
	inglés/inglesa (eengles/eenglesa) English
	alemán/alemana (aleman/alemana) German
	canadiense (kanadyense) Canadian
	japonés/japonesa (xapones/xaponesa) Japanese
	chino/china (cheeno/cheena) Chinese
	ruso/rusa (rooso/roosa) Russian

3. EL ES - EL NO ES

el es he is (or sometimes: it is	**el no es** he is not it is not)

El Señor Martínez es español.
(el senyor marteeneth es espanyol)
Mr Martínez is Spanish.

El es canadiense.
(el es kanadyense)
He is Canadian.

El no es español.
(el no es espanyol)
He is not Spanish.

El no es japonés.
(el no es xapones)
He is not Japanese.

ELLA ES - ELLA NO ES

ella es
She is
(or sometimes: it is

ella no es
She is not
it is not)

Y Señorita Vázquez. ¿Ella es americana?
(ee senyoreeta bathketh elya es amereekana)
And Miss Vázquez. Is she American?

No, ella no es americana.
(no elya no es amereekana)
No, she's not American.

Ella no es rusa.
(elya no es roosa)
She isn't Russian.

Ella no es japonesa.
(elya no es xaponesa)
She isn't Japanese.

Ella no es inglesa.
(elya no es eenglesa)
She isn't English.

¿De qué nacionalidad es?
(de ke nathyonaleedad es)
What nationality is she?

Ella es española.
(elya es espanyola)
She is Spanish.

4. ESPAÑOL o ESPAÑOLA

In the above example **español** has become **española** because it applies to Señorita Vázquez (female). When used with a feminine noun the adjective must be put in the feminine too. Here are the masculine and the feminine forms of some of the adjectives we have already encountered.

Masculin	*Femenino*
americano	**americana**
chileno	**chilena**
ruso	**rusa**
venezolano	**venezolana**

Adjectives ending in **-o** change the **-o** to **-a** in the feminine. S is added to both masculine and feminine to form the plural. Adjectives are normally placed after the noun they qualify and with which they must agree in number (singular or plural) and gender (masculine or feminine).

canadiense	**canadiense**

Adjectives ending in **-e** keep the same form in the feminine and add -s in the plural.

español	**española**
japonés	**japonesa**
inglés	**inglesa**

Most adjectives ending in a consonant (except those ending in **-án, -ón, -or,** which change to **-ana, -ona, -ora**) do not have a different form in the feminine. They add **-es** to form the plural.
Adjectives of nationality are an exception to this rule. Note that adjectives of the above types lose the written accent when an extra syllable is added, and that adjectives and nouns of nationality are written with a small initial letter. Remember that when the noun is masculine (**un/el**) the adjective must be used in its masculine form.

Examples of masculine adjectives:

un chico pequeño
(oon **chee**ko pe**ken**yo)
a small boy

un chico grande
(oon **chee**ko **gran**de)
a big boy

un chico americano
(oon **chee**ko amere**eka**no)
an American boy

un libro italiano
(oon **lee**bro eeta**lya**no)
an Italian book

los mapas grandes
(los **ma**pas **gran**des)
the large maps

When the noun is feminine (**una/la**) the adjective must be used in its feminine form.

Examples of feminine adjectives:

una persona pequeña
(**oo**na per**so**na pe**ken**ya)
a small person

The noun **persona** (even if referring to a male) is feminine and so in the above example, the adjective must be **pequeña** and not **pequeño.**

una guía pequeña
(**oo**na **gee**a pe**ken**ya)
a small guide book

una casa pequeña
(**oo**na **ka**sa pe**ken**ya)
a small house

la chica japonesa
(la **chee**ka xapo**ne**sa)
the Japanese girl

las sillas pequeñas
(las **see**lyas pe**ken**yas)
the small chairs

una tarjeta grande
(**oo**na tar**xe**ta **gran**de)
a large postcard

5. VERBOS

SER is used to say who or what something or somebody is, to give definitions and characteristics or features. In Unidad 3 you will meet **Estar** which is used to say where something is, and to denote the condition it is in.

(yo) soy	I am
(él) es	he is
(ella) es	she is
(usted) es	you are
(nosotros) somos	we are (masculine)
(nosotras) somos	we are (feminine)
(ellos) son	they are (masculine)
(ellas) son	they are (feminine)

Note: **Yo, él, ella,** etc. are generally left out. They are used only to avoid ambiguity, e.g. **Es grande**, could mean, *he, she, it, you, is/are big*. You may need to clarify the meaning by saying, **usted es grande,** etc. Examples:

Pablo es alemán.
(pablo es aleman)
Paul is German.

Usted es alto.
(oosted es alto)
You are tall.

¿Ella es de Buenos Aires?
(elya es de bwenos ayres)
Is she from Buenos Aires?

Trabajar
(trabaxar)
to work

(yo) (no) trabajo

(él, ella, usted) (no) trabaja

(nosotros, nosotras) (no) trabajamos

(ellos,ellas, ustedes) (no) trabajan

Examples: **Cristóbal no trabaja en un banco.**
(kreestobal no tra**ba**xa en oon **ban**ko)
Christopher does not work in a bank.

¿Dónde trabaja?
(**don**de tra**ba**xa)
Where does he work?

This verb is a model for regular verbs whose infinitive (to —) ends in **-ar**. Other regular **-ar** verbs will have the same endings.

ESTUDIAR	TOMAR
(estoo**dyar**)	(to**mar**)
to study	to take
(yo) estudio	(yo) tomo
(él, ella, usted) estudia	(él, ella, usted) toma
(nosotros, nosotras) estudiamos	(nosotros, nosotras) tomamos
(ellos, ellas, ustedes) estudian	(ellos, ellas, ustedes) toman

Examples: **¿Estudia usted español o japonés?**
(es**too**dya oos**ted** espa**nyol** o xapo**nes**)
Do you study Spanish or Japanese?

¿Y Anita ? ¿Toma té o café?
(ee a**nee**ta **to**ma te o ka**fe**)
And Anita? Does she take tea or coffee?

In questions if you need to use the pronouns (e.g. **él, ella, usted,** etc.) they may well follow the verb as above.

6. ESTE, ESE AQUEL

este, esta, estos, estas	this, these (near me)
ese, esa, esos, esas	this, these (near you, not near me)
aquel, aquella, aquellos, aquellas	that, those

Spanish has not just **this** and **that,** but three forms: this, these (near me), this, these (near you) and that, those. There is an additional form ending in **-o** (**esto, eso, aquello**) which does not refer to a specific object.

Example: Esto es ridículo.
(**es**to es ree**dee**koolo)
This is ridiculous.

7. VOCABULARIO

el ejemplo: example
la presentación: introduction
¿dónde?: where?
¿de dónde?: from where?
¿quién?: who?
por favor: please
en un momento: in a moment
ahora: now
aquí: here
la nacionalidad: nationality
¿de qué nacionalidad?: (of) what nationality?
tampoco: nor; not either
español, -ola: Spanish
mexicano, -na: Mexican
argentino, -na: Argentinian
venezolano, -na: Venezuelan
chileno, -na : Chilean
chino, -na: Chinese
ruso, -sa: Russian
italiano, -na: Italian
canadiense: Canadian
inglés, -lesa: English
francés, -cesa: French
apropiado, -da: appropriate
interesante: interesting
alto, -ta: tall; high
pequeño, -ña: small
grande: large
ridículo, -la: ridiculous
muy: very
el idioma: language
la persona: person
el profesor: teacher
el profesor de español: the Spanish teacher (of Spanish)
el profesor español: the Spanish teacher (from Spain)
Nueva York: NewYork
Londres: London
París: Paris
el verbo: verb

el adjetivo: adjective
ser: to be
estudiar: to study
trabajar: to work
tomar: to take
escribir: to write

7. EJERCICIOS

A. CONTESTAR, POR FAVOR.
ANSWER PLEASE.

Ejemplo: ¿Es usted profesor de español? No, no soy
No, no soy profesor de español.

1. ¿Es usted de Madrid?
2. ¿Es usted de Nueva York?
3. ¿Es usted de Londres?
4. ¿Es usted canadiense?
5. ¿Estudia usted francés?
6. ¿Es usted español (o española)?
7. ¿Usted trabaja en París?
8. ¿Trabaja usted en un banco?

B. ESCRIBIR EL ADJETIVO APROPIADO.
WRITE IN THE APPROPRIATE ADJECTIVE

Ejemplo: Es una ciudad **pequeña.** (pequeña)

1. El profesor de alemán es muy _____. (alto/alta)
2. _______ persona es inglesa. (este/esta)
3. ¿La Señora García es ______? (chileno/chilena)
4. Trabajan en un banco _________. (americano/americana)
5. ¿El Señor Dupont es __________? (francés/francesa)
6. Estas guías son __________. (rusos/rusas)
7. La escuela de Pablo es _________. (pequeño/pequeña)
8. Aquel libro es ___________. (ridículo/ridícula)
9. Nosotras somos ____________. (bajos/bajas)
10. Aquella chica no es _________ tampoco. (italiano/italiana)

ANITA VA DE VIAJE

ANITA GOES ON A TRIP

David **Anita ¿Tiene un billete para el avión?**
(**aneeta tyene** oon bilyete **para** el **abyon**)
Anita do you have a plane ticket?

Anita **Sí, David. Tengo un billete de Iberia. Está en mi bolso.**
(see da**beed** **ten**go oon bil**ye**te de ee**ber**ya es**ta** en mee **bol**so)
Yes David. I have an Iberia ticket. It's in my purse.

David **También tiene una maleta, ¿verdad?**
(tam**byen** **tye**ne **oo**na ma**le**ta ber**dad**)
You also have a suitcase, right?

Anita **Sí. ¡Claro! Viajo con una maleta grande. En la maleta tengo una falda, un suéter, dos o tres blusas, un pantalón, zapatos deportivos etcétera.**
(see **kla**ro **bya**xo kon **oo**na ma**le**ta **gran**de en la ma**le**ta **ten**go **oo**na **fal**da oon soo**e**ter dos o tres **bloo**sas oon panta**lon** tha**pa**tos depor**tee**bos et**the**tera)
Yes, of course. I travel with a large suitcase. In the suitcase I have a skirt, a sweater, two or three blouses, pants, sneakers, etc.

David **¿Tiene pasaporte o tarjeta de identidad?**
(**tye**ne pasa**por**te o tar**xe**ta de eedenti**dad**)
Do you have a passport or identity card?

Anita **Sí, tengo un pasaporte.**
(see **ten**go oon pasa**por**te)
Yes, I have a passport.

David **Bueno pues, ¿dónde va? ¿A Nueva York?**
(**bwe**no pwes **don**de ba a **nwe**ba york)
Well then, where are you going? To New York?

Anita **No, no voy a Nueva York sino a Sevilla, en España.**
(no no boy a **nwe**ba york **see**no a se**bee**lla en es**pa**nya)
No. I'm not going to New York. I'm going to Seville in Spain.

David **¿Para ir al aeropuerto toma un taxi o el metro, o va en autobús?**
(**pa**ra eer al aero**pwer**to **to**ma oon **tak**see o el **me**tro o ba en owto**boos**)
To go to the airport do you take a cab or the subway or go by bus?

Anita **Voy en taxi.**
(boy en **tak**see)
I'm going by taxi.

David **¿Cuándo sale? ¿Hoy?**
(**kwan**do sale oy)
When are you leaving? Today?

Anita **No. Salgo mañana.**
(no **sal**go ma**nya**na)
No. I leave tomorrow.

David **¿A qué hora?**
(a ke **o**ra)
At what time?

Anita **A las tres. Es muy curioso, David.**
(a las tres es mooy **kooryoso** da**beed**)
At three o'clock. You are very nosey, David.

David **Pero vuelve pronto ¿verdad?**
(pero **bwelbe** pronto ber**dad**)
But you're coming back soon, right?

Anita **Sí, vuelvo en ocho días. Tengo mucho trabajo aquí. ¿Es todo?**
(see **bwelbo** en ocho **deeas tengo moocho** tra**baxo** a**kee** es **todo**)
Yes. I'm coming back in a week. I have a lot of work here. Is that all?

David **Sí. ¡Buen viaje, Anita. ¡Hasta luego!**
(see bwen **byaxe** a**neeta asta lwego**)
Yes. Have a good trip, Anita. See you soon!

Anita **¡Hasta luego! ¡A estudiar!**
(**asta lwego** a estoo**dyar**)
See you soon, David. Work hard.

1. TENGO - NO TENGO

Tengo una maleta.
(**tengo oona** maleta)
I have a suitcase.

No tengo billete.*
(no **tengo** beelyete)
I don't have a ticket.

Notice that with **tener** after a negative, and often in questions, the indefinite article (**un, una**) is left out.

Other examples of this are:

No tengo trabajo.
(no **tengo** tra**baxo**)
I don't have a job.

No tengo coche.*
(no **tengo koche**)
I don't have a car.

*In many Latin American countries the word **boleto** is used for ticket and **carro** for car.

2. (USTED) TIENE - (USTED) NO TIENE

¿Usted tiene un bolígrafo o un lápiz? por favor.
(oosted tyene oon boleegrafo o oon lapeeth por fabor)
Do you have a ballpoint or a pencil, please?

¿Tiene un profesor bueno?
(tyene oon profesor bweno)
Do you have a good teacher?

¿Qué tiene en aquel bolso?
(ke tyene en akel bolso)
What do you have in that purse?

Remember that **él** and **ella** take the same part of the verb as **usted.**

Anita tiene una falda y unas blusas.
(aneeta tyene oona falda ee oonas bloosas)
Anita has a skirt and some blouses.

¿El Señor Martínez tiene mucho trabajo?
(el senyor marteeneth tyene moocho trabaxo)
Does Señor Martínez have a lot of work?

Iberia tiene muchos aviones.
(eeberya tyene moochos abyones)
Iberia has many airplanes.

3. TENEMOS - NO TENEMOS

Nosotros tenemos ocho días de vacaciones.
(nosotros tenemos ocho deeas de bakathyones)
We have eight days' vacation.

¿Tenemos el número de teléfono?
(tenemos el noomero de telefono)
Do we have the telephone number?

Note: **Nosotros** is used for **we** in all-male or mixed groups, whereas **nosotras** is used for an all-female group.

4. TIENEN - NO TIENEN

Tienen muchos días aquí.
(tyenen moochos deeas akee)
They have been here for many days.

Ellos tienen un coche japonés.
(elyos tyenen oon koche xapones)
They have a Japanese car.

¿Cuándo tienen ustedes vacaciones?
(kwando tyenen oostedes bakathyones)
When is your vacation?

Note: Tienen is used for **ellos** (all-male, or male and female groups), **ellas** is used for all-female groups and **ustedes** is you, plural, for both males and females.

5. ¿MASCULINO O FEMENINO?

You are beginning to know when to use **un** or **una, unos** or **unas**, and **el** or **la, los** or **las**. Learn each noun with its article in order to remember its gender and make the adjective agree. Here are a few tips to help you with the genders of nouns.

The following are **masculine**:

Nouns for male people and animals, e.g.

el padre - father	**el toro** - bull
Nouns ending in	*exceptions*
-o	**la mano** - hand **la foto** - photograph **la moto** - motorbike
-e (most)	**la calle** - street **la gente** - people **la clase** - class **la llave** - key **la tarde** - afternoon **la leche** - milk

The following are **feminine**:

Nouns for female people and animals, e.g.

la madre - mother	**la vaca** - cow

Nouns ending in	*Exceptions*
-a	**el día** - day **el mapa** - map **el problema** - problem **el programa** - program
-ción, -sión	
-dad, -tud	

Study these examples:

El chico alto es Tomás.
(el **chee**ko **al**to es to**mas**)
The tall boy is Thomas.

El Señor Schmidt es alemán.
(el sen**yor** Schmidt es ale**man**)
Mr Schmidt is German.

Trabaja en un banco pequeño en Santiago.
(tra**ba**xa en oon **ban**ko pe**quen**yo en Sant**ya**go)
He works in a small bank in Santiago.

No es un pasaporte chileno, sino mexicano.
(no es oon pasa**por**te chee**le**no **see**no mexee**ka**no)
It's not a Chilean passport but a Mexican one.

Tengo los billetes.
(**ten**go los beel**ye**tes)
I have the tickets.

¿Dónde tiene el carné de identidad?
(**don**de **tye**ne el **kar**ne de eedentee**dad**)
Where do you have your identity card?

Trabajamos en otra ciudad.
(traba**xa**mos en **o**tra thyoo**dad**)
We work in another city.

6. PERO, OTRO, MUCHO

Pero means *but*, and is used as in English. **Sino** means *but* and is used only when denying one thing and confirming another.

No soy profesor *sino* estudiante.
(no soy profesor seeno estoodyante)
I am not a teacher but a student.

No voy en avión *sino* en tren.
(no boy en abyon seeno en tren)
I am not going by plane but by train.

OTRO, -A; OTROS, -AS means **other, another**

Estudio otra unidad.
(estoodyo otra ooneedad)
I study another unit.

Tomamos otro café con leche.
(tomamos otro cafe kon leche)
We have another coffee with cream.

MUCHO, -A; MUCHOS, -AS means **a lot, many.**

Usted tiene mucho trabajo.
(oosted tyene moocho trabaxo)
You have a lot of work.

Muchas personas van a escuelas de idiomas.
(moochas personas ban a eskwelas de eedyomas)
Many people go to language schools.

7. VERBOS

Trabajar, tomar, estudiar in Unidad 2 were models for regular **-ar** verbs.

comer is a model for a regular **-er** verb, and

vivir is a model for a regular **-ir** verb.

	comer (komer) to eat	vivir (beebeer) to live
yo	como	vivo
él, ella, usted	come	vive
nosotros, nosotras	comemos	vivimos
ellos, ellas, ustedes	comen	viven

Verbs like comer are: **beber** - to drink; **correr** - to run

Verbs like vivir are: **escribir** - to write; **insistir** - to insist

Comemos en el hotel.
(komemos en el hotel)
We eat in the hotel.

Beben café y té.
(beben kafe ee te)
They drink coffee and tea.

Corren a la escuela.
(korren a la eskwela)
They run to school.

¿Dónde **vive** usted?
(donde beebe oosted)
Where do you live?

Insisto. Vamos de viaje. Es esencial.
(eenseesto bamos de byaxe es esenthyal)
I insist. We are going on a trip. It is essential.

Just like **ser** in Unidad 1, the following are irregular verbs, which means that their stem changes in a unpredictable way.

	TENER (tener) to have	VENIR (beneer) to come	HACER (ather) to do	DECIR (detheer) to say	SALIR (saleer) to leave/ go out
yo	**tengo**	**vengo**	**hago**	**digo**	**salgo**
él, ella usted	**tiene**	**viene**	**hace**	**dice**	**sale**
nosotros, nosotras	**tenemos**	**venimos**	**hacemos**	**decimos**	**salimos**
ellos, ellas ustedes	**tienen**	**vienen**	**hacen**	**dicen**	**salen**

Salgo.
(salgo)
I go out.

Venimos.
(beneemos)
We are coming.

No dice mucho.
(no deethe moocho)
He doesn't say much.

Tener is used in many expressions.

tener frío
(tener **freeo**)
to be cold

tener calor
(tener **kalor**)
to be hot

tener suerte
(tener **swerte**)
to be lucky

tener sed
(tener **sed**)
to be thirsty

tener hambre
(tener **ambre**)
to be hungry

Yo no tengo calor sino frío.
(yo no **tengo** kalor **seeno** freeo)
I am not hot, but cold.

¿No tienen café aquí?
(no **tyenen** kafe akee)
Don't they have coffee here?

IR to go	
yo	**voy**
él, ella, usted	**va**
nosotros, nosotras	**vamos**
ellos, ellas, ustedes	**van**

ir is a very common verb. It is used in its literal sense of **to go:**

Vamos a Lima.
(**bamos** a **leema**)
We are going to Lima.

¿Ellos **van** al aeropuerto?
(**elyos** ban al aero**pwerto**)
Are they going to the airport?

It is also used to mean, "to be going to do something." In this case it is followed by **a** and the infinitive of the verb in question.

Voy a hablar español.
(boy a **ablar** espa**yol**)
I am going to speak Spanish.

No **van** a vivir en aquella ciudad.
(no ban a bee**beer** en a**kel**ya thyoo**dad**)
They are not going to live in that city.

In Unidad 2 you learned **ser**, meaning **to be**, and used it to say who or what something or somebody is, and to denote characteristics and features.

ESTAR also means **to be** and is used to say where something is, and to describe its condition or state.

yo	**estoy**
él, ella, usted	**está**
nosotros, nosotras	**estamos**
ellos, ellas, ustedes	**están**

El hotel **está** en la otra calle.
(el **otel** esta en la **otra kal**ye)
The hotel is on the other street.

¿Dónde **está** la foto de la otra casa?
(**don**de esta la **fo**to de la **o**tra **ka**sa)
Where is the photograph of the other house?

¿Cómo **está** usted?
(**ko**mo es**ta** oo**sted**)
How are you?

Estoy muy bien gracias.
(es**toy** mooy byen **gra**thyas)
I am very well, thank you.

VOLVER is a very useful verb. As seen in this unit it means **to return**. It is also used with **a** and the infinitive to mean, to do something again.

It has a predictable irregularity. When the **-o-** of volver receives the stress, it becomes **-ue-**. Volver is a model for other verbs which have a **stem** change.

yo	**vuelvo**
él, ella, usted	**vuelve**
nosotros, nosotras	**volvemos**
ellos, ellas, ustedes	**vuelven**

Vuelven a Valparaíso.
(**bwel**ben a balpara**ee**so)
They return to Valparaíso.

Volvemos todos a estudiar la gramática.
(bolbemos todos a estoodyar la gramateeka)
We all study the grammar again.

Vuelve a escribir la postal.
(bwelbe a eskreebeer la postal)
He writes the postcard again.

8. VOCABULARIO

el viaje: trip
el autobús: bus
el taxi: taxi
el metro: subway
el pasaporte: passport
el carné de identidad: identity card
el billete: ticket
el avión: airplane
el aeropuerto: airport
el bolso: purse
la maleta: suitcase
la falda: skirt
el suéter: sweater
el zapato: shoe
los zapatos deportivos: sneakers
la blusa: blouse
el pantalón: pants
bueno, -na: good
malo, -la: bad
curioso, -sa: nosey
pues: well; then
bucno pues: well then
pronto: soon
mi: my
sino: but
para: for, in order to
el día: day
ocho días: eight days (used for one week)
la hora: hour
otro, -tra: other, another
hoy: today
¿cómo?: how?

¿a qué hora?: at what time?
mucho, -cha: a lot, many
todo, -da: all
el trabajo: work
el lápiz: pencil
el bolígrafo: ballpoint
hablar: to speak
escribir: to write
vivir: to live
insistir: to insist
beber: to drink
venir: to come
decir: to say
tener: to have
tener frío: to be cold
tener calor: to be hot
tener sed: to be thirsty
tener hambre: to be hungry
tener suerte: to be lucky
tener X años: to be X years old
ir: to go
ir a (+infinitive): to be going to (do)
volver: to return
estar: to be
el tren: train
el número: number
el teléfono: telephone
el toro: bull
la vaca: cow
el padre: father
la madre: mother
la mano: hand
la foto: photograph
la moto: motorbike
el hotel: hotel
la calle: street
la clase: class
la leche: milk
la tarde: afternoon
la noche: night
la gente: people
la llave: key

el día: day
el programa: program
el problema: problem
según: according to
con: with

9. EJERCICIOS

A. CONTESTAR SEGUN EL DIALOGO DE LA UNIDAD 3.

Ejemplo: ¿Anita va de viaje?
Sí, ella va de viaje.

1. ¿Tiene un billete para el avión?
2. ¿Dónde está el billete?
3. ¿Viaja con una maleta grande?
4. ¿Qué tiene en la maleta?
5. ¿Tiene pasaporte o carné de identidad?
6. ¿Adónde va Anita?
7. ¿Cómo va a ir al aeropuerto?
8. ¿Sale hoy?
9. ¿A qué hora va a salir?
10. ¿Cuándo vuelve Anita?
11. ¿David va a viajar también?
12. David es muy curioso, ¿verdad?
13. Y usted, ¿va de viaje mucho?
14. ¿Para ir al aeropuerto toma usted un taxi, un autobús o el metro?

UNIDAD 4

HABLANDO POR TELEFONO

SPEAKING ON THE TELEPHONE

En su casa, la Señora Martínez , la esposa de Pablo Martínez, llama por teléfono a una amiga.
In her home, Mrs Laura Martínez, the wife of Pablo Martínez, phones a friend.

Sra Martínez **¡Oiga! ¿Fina? ¿Qué tal? ¿Cómo estás? ... Yo, pues, estoy bien gracias. Estoy en casa. ...¿Qué día es hoy? Es jueves, ¿verdad?**
Hello. Fina? How are things? How are you? ... I'm fine, thanks. I'm at home.... What day is it today? It's Thursday isn't it?

Fina **¿Jueves? ¡Qué va! No es jueves. Tengo mi agenda aquí. Hoy es viernes. ¿Por qué?**
Thursday. No way! It's not Thursday. I have my appointment book here. Today is Friday. Why?

Sra Martínez **¿Viernes, ya? Pero es verdad.**
Friday already? But, it's true.

Fina **Entonces, sí, es viernes, pero... ¿qué pasa?**
So, yes, it's Friday, but... what's up?

Sra Martínez **Bueno, esta tarde, Pablo y yo estamos citados con algunos amigos, amigos de la oficina pues. Son tres - Eduardo, Roberto y Juanita. Son muy simpáticos.**
Well this evening, Pablo and I are meeting some friends, well, friends from the office. There are three of them, Eduardo, Roberto and Juanita. They are very nice.

Fina **¡Estupendo! ¿Adónde van ustedes?**
Great! Where are you going?

Sra Martínez **Primero vamos al teatro. ¿Quiere venir?**
First we're going to the theater. Do you want to come?

Fina **No, gracias. Puedo ir al teatro esta tarde pero no quiero ir. Estoy cansada.**
No, thanks. I can go to the theater this evening, but I don't want to go. I'm tired.

Sra Martínez **Hay una obra muy buena en el teatro Liceo. Después vamos a cenar en un restaurante. Pero... ¿Qué hora es ahora?**
There is a very good play at the Teatro Liceo. Then we are going to have dinner at a restaurant. But what time is it now?

Fina **Son las ocho, casi.**
It's almost eight o'clock.

Sra Martínez **¿Cómo? ¿Son las ocho? ¡Ay, Dios mío! Los amigos de Pablo vienen a las ocho y media. ¡Adiós, hasta luego, Fina!**
What? Is it eight o'clock? My goodness! Pablo's friends are coming at eight thirty. Bye, see you later, Fina.

Fina **¡Adiós, Laura! ¡Hasta otro día,Laura!**
Goodbye, Laura. See you another day.

1. PRONUNCIACION

¿Qué hora es? (ke **o**ra es)
esposa (es**po**sa)
Fina (**fee**na)
llama por teléfono (**lya**ma por te**le**fono)
hoy (**oy**)
jueves (**xwe**bes)
¿cómo? (**ko**mo)
¡qué va! (ke **ba**)
mi agenda (mee a**xen**da)
viernes (**byer**nes)
¿por qué? (por **ke**)
¿qué pasa? (ke **pa**sa)
citado (thee**ta**do)
amigo (a**mee**go)
oficina (ofee**thee**na)
Eduardo (edoo**ar**do)
Roberto (ro**ber**to)
Juanita (xwa**nee**ta)
simpático (see**pa**teeko)
minuto (mee**noo**to)
cuarto (**kwar**to)
media (**me**dya)
mediodía (medyo**dee**a)
medianoche (medya**no**che)
dirección (deerek**thyon**)
centro (**then**tro)
hay (**ay**)
estupendo (estoo**pen**do)
primero (pree**me**ro)
cine (**thee**ne)
teatro (te**a**tro)
quiero (**kye**ro)
obra (**o**bra)
ahora (a**o**ra)
cenar (the**nar**)
restaurante (restow**ran**te)
Liceo (lee**the**o)
ocho y media (**o**cho ee **me**dya)
casi (**ka**si)
hasta (**as**ta)
número (**noo**mero)
plural (ploo**ral**)

preposición (preposee**thyon**)
contar (kon**tar**)
escritorio (eskree**to**ryo)

2. EL PLURAL

The plural

If a noun ends in a vowel (a, e, i, o, u), **-s** is added to form the plural. (amigo, amigos; amiga, amigas)

If a noun ends in a consonant (a letter other than a,e,i, o,u), **-es** is added to form the plural. (hotel, hoteles)

If a noun ends in **-z,** the -z is changed to **-c-** before adding -es. (lápiz, lápices)

Remember that when the noun is plural its adjective and article are also in the plural.

Esta ciudad tiene un hotel estupendo.
Estas ciudades tienen unos hoteles estupendos.

¿Dónde está el restaurante chino?
¿Dónde están los restaurantes chinos?

3. HAY

there is, there are

Note that this form conveys both "there is" and "there are."

Hay un billete para el avión en su bolso.
There is a plane ticket in her purse.

¿Hay un calendario en esta oficina?
Is there a calendar in this office?

Hay muchas personas en el autobús.
There are many people in the bus.

¿Qué hay en la maleta de Anita?
What is in Anita's suitcase?

4. ES/ESTA/HAY

Be careful not to confuse these three forms. All these verbs mean **to be**. The difference between them must be carefully noted.

Remember that:

ser is used for characteristics or features, to say what someone or something is.

Es una casa. **Son** unas casas.
It is a house. They are houses.

Estar is used to say where something is, or to denote its condition.

El calendario no **está** en la maleta.
The calendar is not in the suitcase.

Pablo **está** bien.
Pablo is well.

Hay is invariable, that is to say, it never changes. You will use it only in the third person singular. It means, **there is** or **there are.**

5. LAS PREPOSICIONES

A
To (motion toward)

Voy I go/am going	**a la oficina.** to the office.
	a la escuela. to (the) school.
	a la ciudad. to the city.
	a Londres. to London.

A + EL = AL
to the (in front of masculine noun)

Vamos We go/are going	**al banco.** to the bank.
	al aeropuerto. to the airport.

al teatro.
to the theater.

al hotel.
to the hotel.

al parque.
to the park.

al museo.
to the museum.

al bar.
to the bar.

6. VERBO + A + PERSONA

Verb + **a** + person
When the direct object of a verb is a definite person, **a** is placed before it.

La Señora Martínez invita a Fina.
Mrs Martínez invites Fina.

Llama a su amiga por teléfono.
She/he calls her/his friend.

Notice the difference in these pairs of sentences. When the direct object of the verb is a thing, **a** is not required.

Veo a mis amigos el jueves.
I see my friends on Thursday.

and:

Veo la maleta y el bolso de Anita.
I see Anita's suitcase and purse.

likewise:

Esperan un autobús.
They wait for a bus.

Esperamos a un profesor.
We wait for a teacher.

7. DE

of, from

Es el escritorio de Fina.
It's Fina's desk.

Here **de** means"of". It indicates
possession, or a description.

Aquí tiene una foto de Roma.
Here is a photograph of Rome.

The following examples show **de** meaning from.

Soy de Bogotá.
I am from Bogotá.

¿De dónde viene usted?
Where are you from?

DE + EL = DEL (in front of masculine noun)

Es una foto del centro de Londres.
It's a photograph of the center of London.

¿Tienes la dirección del teatro?
Do you have the address of the theater?

> **del hotel.**
> of the hotel.
>
> **del profesor italiano.**
> of the Italian teacher.
>
> **del museo.**
> of the museum.
>
> **del parque.**
> of the park.

Here **del** means "of." It indicates possession or a description. The following examples show **del** meaning "from."

Vengo del banco.
I come from the bank.

Vuelven del teatro.
They return from the theater.

del cine.
from the movie house.

del bar.
from the bar.

Note that **a la, a los, a las, de la, de los, de las** do not undergo a similar change.

8. EN

In, at (static, place where)

Están en la escuela.
They are at school.

en el teatro.
in the theater.

Contrast:

Van *al* aeropuerto. (motion toward)
They go to the airport.

and

Están *en* el aeropuerto.
They are at/in the airport.

or

Vuelve *al* hotel. (motion toward)
He returns to the hotel.

and

Viven *en* el centro. (static, place where)
They live in the center.

9. VAMOS A CONTAR - NUMEROS

WE ARE GOING TO COUNT - NUMBERS

1	2	3	4	5
(oono,oona)	(dos)	(tres)	(kwatro)	(theenko)
uno, una	dos	tres	cuatro	cinco
one	two	three	four	five
6	**7**	**8**	**9**	**10**
(seys)	(syete)	(ocho)	(nwebe)	(deeeth)
seis	siete	ocho	nueve	diez
six	seven	eight	nine	ten
11	**12**	**20**	**25**	
(onthe)	(dothe)	(baynte)	(baynteetheenko)	
once	doce	veinte	veinticinco	
eleven	twelve	twenty	twenty-five	

Unidad cuatro es muy interesante, ¿verdad?
Unit 4 is very interesting, right?

Hay cinco cines en esta ciudad.
There are five movie houses in this city.

Anita tiene veinticinco pesos en su bolso.
Anita has twenty-five pesos in her purse.

En este libro hay veinte unidades.
There are twenty units in this book.

10. ¿QUE HORA ES? ¿A QUE HORA ...?

WHAT TIME IS IT? AT WHAT TIME ...?

Es la una.
It is one o'clock.

Es is used here, because **una** is singular. Where a plural number of hours is used, the verb is **son**.

¿Qué hora es?
What time is it?

Son las dos.
It is two o'clock/It's two.

Son las dos y cinco minutos.
It's five after two.

Son las dos y diez (minutos).
It's ten after two.

Son las dos y cuarto.
It's quarter after two/two-fifteen.

Son las dos y veinte (minutos).
It's twenty after two.

Son las dos y veinticinco (minutos).
It's twenty-five after two.

Son las dos y media.
It's half past two.

Son las cuatro menos veinticinco.
It is twenty-five to four.

Son las cuatro menos veinte.
It's twenty to four.

Son las cuatro menos cuarto.
It's quarter to four.

Son las cuatro menos diez.
It is ten to four.

Son las cuatro menos cinco.
It is five to four.

Son las tres.
It is three o'clock.

> **las cuatro.**
> four o'clock.
>
> **las cinco.**
> five o'clock.
>
> **las seis y diez.**
> ten after six.
>
> **las siete y cuarto.**
> quarter after seven.
>
> **las ocho y media.**
> half past eight.
>
> **las nueve menos veinte.**
> twenty to nine.
>
> **las diez menos cuarto.**
> a quarter to ten.

Son las once y tres minutos.
It is three minutes after eleven.

Son las doce.
It is twelve noon/midday/midnight.

Note: You can also say:

Es mediodía/medianoche.
It is noon/midnight.

If you want to say 12:30, you cannot use **y media** after mediodía or medianoche. You have to say **las doce y media.**

11. VERBOS: PODER, PONER, EMPEZAR, QUERER, PREFERIR

Here are some more very important verbs. All of these have changes in the stem.

PODER (poder) to be able	PONER (poner) to put	EMPEZAR (empethar) to begin	QUERER (kerer) to want	PREFERIR (preferir) to prefer
puedo	pongo	empiezo	quiero	prefiero
puede	pone	empieza	quiere	prefiere
podemos	ponemos	empezamos	queremos	preferimos
pueden	ponen	empiezan	quieren	prefieren

Be careful not to confuse **puede** (he can) with **pone** (he puts), **podemos** (we can) and **ponemos** (we put).

Podemos ir de viaje. We can go on a trip.

Ponemos los pasaportes en el coche. We put the passports in the car.

12. VOCABULARIO

Señora, as in Sra Martínez (Señora Martínez): Mrs
Sr, as in Sr Martínez (Señor Martínez): Mr
Srta, as in Srta Vázquez (Señorita Vázquez): Miss

el teléfono: telephone
hablar por teléfono: to be /talk on the telephone
llamar por teléfono: to call

¡oiga!: hello, said by person starting telephone **conversation**
¡dígame! (sí)*: hello, said by person answering the **telephone**
¿Cómo?: how?
¿Cómo está?: How are you?
¿Por qué?: Why?
el hotel: hotel
el restaurante: restaurant
el bar: bar
el cine: movie house
el teatro: theater
la obra de teatro: play (at theater)
el parque: park
el centro: center
la casa: house
estar en casa (de): to be at home (with **de** - to be at x's house)
estar citado, -da: to have an appointment
el amigo: friend (male)
la amiga: friend (female)
¿Qué día es?: What day is it?
¿Qué hora es?: What time is it?

el día: day
la hora: hour
la mañana: morning
la tarde: afternoon
la noche: night
¡Buenos días!: Good morning, good day
¡Buenas tardes!: Good afternoon, good day
¡Buenas noches!: Good night

lunes: Monday
martes: Tuesday
miércoles: Wednesday
jueves: Thursday
viernes: Friday
sábado: Saturday
domingo: Sunday

la agenda: appointment book
el calendario: calendar
el número: number
el número de teléfono: telephone number
ya: now, already
entonces: so, then
muy: very

después: afterward
ahora: now
casi: almost

simpático, -ca: friendly, nice
estupendo, -da: great, super
cansado, -da: tired
querer: to wish, want
venir: to come
cenar: to have supper
invitar: to invite
ver: to see
contar: to count

el plural: plural
el verbo: verb
la preposición: preposition

uno, -na: one
dos: two
tres: three
cuatro: four
cinco: five
seis: six
siete: seven
ocho: eight
nueve: nine
diez: ten
once: eleven
doce: twelve
veinte: twenty
veinticinco: twenty-five

es la una: it is one o'clock
son las ocho: it is eight o'clock
son las ocho y media: it is half past eight
son las ocho y cuarto: it is a quarter after eight
son las ocho menos cuarto: it is a quarter to eight

*Used in L.Am. on phone, but not in Spain.

13. EJERCICIOS

A. CONTAR DE UNO A DIEZ EN ESPAÑOL.

B. ¿QUÉ HORA ES?

a) It's one o'clock.

b) It's ten after two.

c) It's half after eight.

d) It's quarter after five.

e) It's quarter to ten.

f) It's twenty after seven.

g) It's twenty-five to eleven.

h) It's noon.

i) It's half past twelve.

C. CONTESTAR SEGUN EL DIALOGO DE LA UNIDAD IV.

1. ¿Dónde está la Señora Martínez?
2. ¿A quién llama por teléfono?
3. ¿Qué día es?
4. ¿Cómo sabe Fina qué día es?
5. ¿Cómo son los amigos de la oficina?
6. ¿Adónde van primero?
7. ¿Y, después?
8. ¿Fina quiere ir también? ¿Por qué?
9. ¿Qué hora es?
10. ¿A qué hora vienen los amigos de los Martínez?

UNIDAD 5

EL JEFE Y EL EMPLEADO

THE BOSS AND THE EMPLOYEE

El Jefe	**¡Hola Juan! Eres puntual. Está bien porque tenemos mucho trabajo hoy.** Hello, Juan. You're on time. That's good because we have a lot of work today.
El Empleado	**Sí señor. Ya lo sé. Hay algunas cartas para mandar.** Yes, sir. I know. There are some letters to mail.
El Jefe	**¿Cuántas cartas hay?** How many letters are there?
El Empleado	**Hay ciento veinticinco cartas, señor.** There are one hundred and twenty-five letters, sir.
El Jefe	**¿Ciento veinticinco? ¡Qué horror!** One hundred and twenty-five? How awful!
El Empleado	**Pero con mi ordenador* no tardo tanto. Y podemos mandar las cartas por telefax.** But on my computer I don't take that long. And we can send the letters by fax.

El Jefe **Bueno. Siéntese. Puede empezar a escribir las cartas. ¿Tiene la lista de clientes? También puede contestar el teléfono hoy.**
Well, sit down. You can start to write the letters. Do you have the list of clients? You can also answer the phone today.

El Empleado **Sí, señor. Tengo la lista y los números de telefax.**
Yes, sir. I have the list and the fax numbers.

El Jefe **Muy bien, Juan. Y llame a mi secretaria por favor. No sé dónde está. ¿Está hablando con sus amigas?**
Very well, Juan. And call my secretary, please. I don't know where she is. Is she talking to her friends?

El Empleado **Sí señor. ¿Ahora mismo?**
Yes sir. Right now?

* **la computadora** = computer is widely used in Latin America.

1. PRONUNCIACION

jefe (xefe)
empleado (empleado)
puntual (poontooal)
está bien (esta byen)
ya lo sé (ya lo se)
carta (karta)
mandar (mandar)
¿cuántas? (kwantas)
ciento veinticinco (thyento baynteetheenko)
¡qué horror! (ke orror)
con mi ordenador (kon mee ordenador)
no tardo tanto (no tardo tanto)
contestar el teléfono (kontestar el telefono)
lista (leesta)
por telefax (por telefaks)
siéntese (seeentese)
empezar (empethar)
clientes (kleeentes)
llame (lyame)
mi secretaria (mee sekretarya)
está hablando (esta ablando)
dólar (dolar)
libra esterlina (leebra esterleena)

dinero (deenero)
hombre (ombre)
mujer (mooxer)
idea (eedea)
periódico (pereeodeeko)
infinitivo (eenfeeneeteebo)
máquina (makeena)
computadora (kompootadora)

2. SABER	CONOCER
(saber) to know (how to)	(konother) to know (be familiar with)
sé	**conozco**
sabe	**conoce**
sabemos	**conocemos**
saben	**conocen**

No sé el número de teléfono.
I don't know the telephone number.

¿Saben ustedes cuándo Anita va de viaje?
Do you know when Anita goes on her trip?

¿Sabemos dónde está la secretaria?
Do we know where the secretary is?

The verb **saber** is often used with the infinitive of another verb (the infinitive of the other verb is sometimes only implied).

¿Sabe usted contar en español?
Do you know how to count in Spanish?

Sí, sé.
Yes, I know how to.

When the verb "to know" means "to be familiar with" (a person or a place), it is translated by the verb **conocer**.

Conocen Buenos Aires.
They know Buenos Aires.

¿Conoce a mi jefe?
Do you know my boss?

PODER (see Unidad 4)

Like **saber**, poder is also used before the infinitive of another verb.

Fina puede ir al teatro pero no quiere ir.
Fina can go to the theater, but she does not want to go.

Podemos tomar el metro.
We can take the subway.

Often we can use "can" meaning "know how to." Here Spanish uses **saber** not **poder**.

¿No sabes escribir a máquina?
Can't you type?

Sabe contar de cero a cien.
He can count from zero to one hundred.

VERBOS

In Unit 4 you met **empezar**, one of the verbs whose stem vowel **-e-** changes to **-ie-** when the stress falls on it (i.e. not in the infinitive and not in the "we" form of the present).

COMENZAR behaves in the same way:

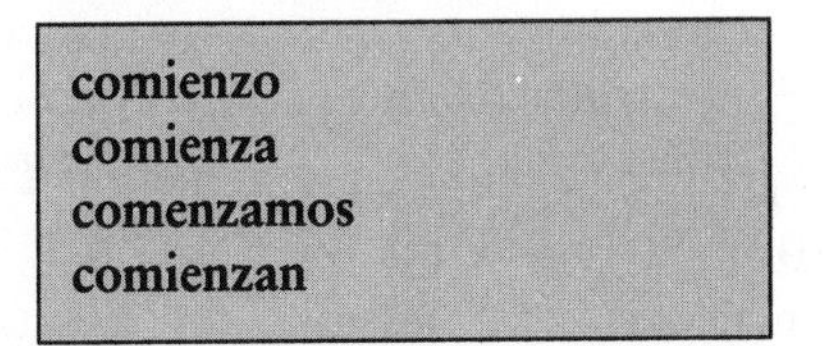
comienzo
comienza
comenzamos
comienzan

It also means "to begin." The opposite of **comenzar** and **empezar** is **terminar**, to end. It is a regular **-ar** verb.

¿A qué hora empiezan y terminan las clases?
What time do classes begin and end?

Another pair of verbs you need to know is: **abrir** - to open and **cerrar** - to close. **Cerrar** follows the same pattern as **empezar** and **comenzar**.

cierro
cierra
cerramos
cierran

¿Cuándo abre el banco?
When does the bank open?

¿A qué hora cierran la puerta?
What time do they shut the door?

Notice how certain numbers correspond. Identifying this pattern will help you learn them more easily.

uno (1)	once (11)
dos (2)	doce (12)
tres (3)	trece (13)
cuatro (4)	catorce (14), etc

Notice also how 16-19, and 21-29 are formed:
Examples:

dieciséis	(diez y seis)
diecisiete	(diez y siete)
veintidós	(veinte y dos)
veintiséis	veinte y seis)

This pattern does not continue. After **veintinueve** the numbers are written as separate words.

30	31	32
treinta	treinta y uno	treinta y dos
(**tray**nta)	(**tray**nta ee **oo**no)	(**tray**nta ee dos)
thirty	thirty-one	thirty-two

40	50	60	70	80
cuarenta	cincuenta	sesenta	setenta	ochenta
(kwa**ren**ta)	(theen**kwen**ta)	(se**sen**ta)	(se**ten**ta)	(o**chen**ta)
forty	fifty	sixty	seventy	eighty

90	100	125
noventa	cien	ciento veinticinco
(no**ben**ta)	(thyen)	(**thyen**to baynteet**heen**ko)
ninety	one hundred	one hundred and twenty-five

4. ¿CUANTO(S)?

How many?
How much?

¿Cuántos dólares tiene usted, y cuántas libras esterlinas?
How many dollars have you, and how many pounds sterling?

No sé cuántos empleados trabajan aquí.
I don't know how many employees work here.

¿Cuánta leche toma usted?
How much milk do you take?

Cuánto behaves like an adjective and becomes feminine or plural to agree with its noun.

5. LAS PREGUNTAS

All question words have an accent on the stressed syllable.
Note that this accent is still used when the question is indirect and there is no question mark. See the last but one example of **cuántos** and below:

¿Dónde vive él? No sé dónde vive.
Where does he live? I don't know where he lives.

¿Cuánto es? Quiero saber cuánto es.
How much is it? I want to know how much it is.

¿Cómo está? Ella pregunta cómo está.
How are you? She asks how you are.

¿Quién viene y cuándo? Es necesario saber quién viene y cuándo.
Who is coming and when? It is necessary to know who is coming and when.

¿Por qué? "Why" behaves in the same way.

¿Por qué quiere otro ordenador?
Why do you want another computer?

Enrique no sabe por qué quiere otro ordenador.
Henry does not know why he needs another computer.

It can also be written as one word, with no accent, and then it means because.

Voy a cenar porque son las nueve.
I'm going to have dinner because it's nine o'clock.

6. ADJETIVOS

(adxeteebos)

Adjectives: **Mi** (my) and **su** (his, her, your, their) are adjectives and agree with their noun:

mi maleta	my case
mis maletas	my cases

If **su** is ambiguous, add **de él, de ella, de usted**(**es**) to clarify.

su casa **de él**	his house
su casa **de ella**	her house, etc.

Some very common adjectives normally precede their noun and lose their final **-o** when the noun is in the masculine singular. This is called **apocopation.**

bueno — Es un **buen** amigo.
He's a good friend.

but:

Es una buena amiga.
She's a good friend.

malo — Es un **mal** hombre.
He's a bad man.

but:

Es una mala mujer.
She's a bad woman.

algúno — ¿Tiene **algún** dinero?
Do you have any money?

but:

¿Tiene alguna idea?
Do you have any idea?

Notice that both **algún** and **ningún** require an accent. When you use **ningún** after the verb, **no** must be placed before the verb.

Ninguno (not any) — No tengo **ningún** periódico.
I don't have any newspaper.

but:

No tengo **ninguna** idea.
I haven't any idea.

Primero (first) — Es su **primer** coche.
It is his first car.

but:

Luisa vive en la **primera** casa.
Louise lives in the first house.

Tercero (third) — Es el **tercer** taxi.
It's the third taxi.

but:

Es la **tercera** vez que invito a estas.
It's the third time that I've invited these people.

Grande apocopates to **gran** before any singular noun, both masculine and feminine. It follows the noun when referring only to size, but precedes it when expressing qualities of greatness.

Es un hombre grande. Es una casa grande.
He's a big man. It's a big house.

but:

Es un gran hombre. Vivo en una gran ciudad.
He's a great man. I live in a great city.

7. AL + INFINITIVO

This translates English: on + -ing

Al contestar el teléfono...
On answering the telephone...

Al conocer a mi esposa...
On meeting my wife...

8. ESTAR + GERUNDIO

Estar is used with the gerund (-ing form of the verb) to form the continuous tense. This tense should only be used when the **action** described is actually going on at the time of speaking or writing.

-ar: -ando

tomar **tomando**
viajar **viajando**

-er, -ir: -iendo

comer **comiendo**
hacer **haciendo**

Estoy **cenando.**
I am having dinner.

Están **estudiando** francés.
They are studying French.

Están **bebiendo** agua.
They are drinking water.

Está **escibiendo** su carta.
He is writing his letter.

Note the difference between the above and the sentences that follow, where the action is not specifically happening at the time of speaking, but is stated as being a general procedure.

Cenan a las nueve.
They have dinner at nine.

Estudia francés.
He studies French.

Beben agua.
They drink water.

Escribe una carta todos los días.
He writes a letter every day.

9. VERBOS PRONOMINALES

PRONOMINAL VERBS

These may be **-ar**, **-er**, or **-ir**, regular or irregular verbs. They have in common the pronominal form, i.e. myself, yourself, etc. (**me**, **se**, **nos**, **se**).

llamarse (to call oneself)

(yo) me llamo
se llama
nos llamamos
se llaman

Se llama Federico.
He is called Fred.

No me llamo María.
I'm not called Mary.

sentarse (to sit down)

me siento
se sienta
nos sentamos
se sientan

Me siento en el sofá.
I sit (seat myself) on the sofa.

Note that the third person singular (you, he, she) and plural (you, they) both take se. The reflexive pronouns (**me, se, nos, se**) are placed before the verb except when the infinitive (**-ar, -er, -ir**) gerund or command is used.

e.g. **Voy a sentarme aquí.**
I am going to sit here (seat myself).

Está lavándose.
He is washing (himself).

levantarse	to get up
lavarse	to wash
ducharse	to take a shower
bañarse	to take a bath

In most cases the Spanish reflexive conveys the idea of "myself," "yourself." This is not the case with **irse** (me voy), which is simply a more emphatic form of **ir** "to go," and means "to go away."

10. EL IMPERATIVO

THE IMPERATIVE

The simplest way to give commands is to use the infinitive:

¡Estudiar!	¡Contestar!
Study!	Answer!

The most common form is shown below. It is unusual to use **usted** or **ustedes**, but this may be included.

¡Por favor, abra la puerta! (abrir)
Please open the door!

¡Cierre el bar ahora! (cerrar)
Shut the bar now!

¡Llame al jefe! (llamar)
Call the boss!

¡No estudien la gramática, sino los verbos!
Don't study the grammar, but the verbs!

¡Tome el taxi! (tomar)
Take the cab!

¡Vuelvan a las cinco! (volver)
Come back at five o'clock!

¡Siéntese allí!
Sit down there!

You will notice that in the command form **-ar** verbs end in **-e** (singular) or **-en** (plural), and that **-er** and **-ir** verbs end in **-a** singular) or **-an** (plural). Verbs which have a stem change in the singular of the present also have one in the command form. Reflexive verbs have the relexive pronoun joined to the end of the verb in the **positive** command, as in the last example above.

11. VOCABULARIO

el jefe: boss (male)
la jefa: boss (female)
el empleado: employee (male)

la empleada: employee (female)
la secretaria: secretary
el coche: car

ser puntual: to be on time
está bien: that's good
ya lo sé: I know
¡qué horror!: how awful!

saber: to know (fact)
conocer: to know (be acquainted with)
empezar: to begin
comenzar: to begin
terminar: to end, finish
cerrar: to shut
abrir: to open
mandar: to send
llamar: to call
llamarse: to be called
lavar: to wash
lavarse: to wash (oneself)
tardar en + infinitive: to be long in (doing something)
contestar: to reply
tomar: to take
escribir a máquina: to type
levantarse: to get up
bañarse: to take a bath
ducharse: to take a shower
irse: to go away

el sofá: settee
la carta: letter
la puerta: door
el dólar: dollar
la libra esterlina: pound sterling
el dinero: money
el ordenador: computer
la computadora: computer
el telefax: fax
la lista: list

la idea: idea
el periódico: newspaper
el agua (f):** water

¿cuándo?: when?
¿quién?: who?

**el agua takes the masculine article but is feminine

¿cuánto?: how much/how many?
¿dónde?: where?
¿cómo?: how?
¿por qué?: why?

porque: because
mismo, -ma: same (when preceding the noun)
mismo, -ma: very, itself (when following the noun)
ahora mismo: right now

cero: zero
trece: thirteen
catorce: fourteen
quince: fifteen
dieciséis: sixteen
diecisiete: seventeen
dieciocho: eighteen
diecinueve: nineteen
veinte: twenty
veintiuno: twenty-one
veintidós: twenty-two
veintitrés: twenty-three
veinticuatro: twenty-four
veinticinco: twenty-five
veintiséis: twenty-six
veintisiete: twenty-seven
veintiocho: twenty-eight
veintinueve: twenty-nine
treinta: thirty
treinta y uno: thirty-one
cuarenta: forty
cincuenta: fifty
sesenta: sixty
setenta: seventy
ochenta: eighty
noventa: ninety
cien/ciento: hundred
ciento veinticinco: one hundred and twenty-five
primero, -ra: first
tercero, -ra: third
bueno, -na: good
malo, -la: bad
el infinitivo: infinitive
el adjetivo: adjective
el verbo pronominal: pronominal verb

12. EJERCICIOS

A. *CONTAR DE TRECE A TREINTA EN ESPAÑOL*

B. *ESCRIBIR:*

a) 23 veintitrés
b) 31 ....
c) 36 ....
d) 42..........
e) 55 ....
f) 63 ....
g) 74 ....
h) 88 ....
i) 99 ....
j) 100..........
k) 126..........

C. *¿COMO SE LLAMAN LOS DIAS DE LA SEMANA?*

Son lunes

....

....

....

....

....

....

D. *CONTESTAR SEGUN EL DIALOGO:*

1. ¿Quién es puntual?
2. ¿Tienen mucho trabajo hoy?
3. ¿Qué van a mandar?
4. ¿Cuántas cartas tienen que mandar?
5. ¿Va a tardar mucho el empleado? ¿Por qué?
6. ¿Quién va a sentarse?
7. ¿Qué listas tiene?
8. ¿A quién va a llamar el empleado?
9. ¿Qué está haciendo la secretaria?
10. ¿Cuándo va a llamar a la secretaria?

UNIDAD 6

REPASO DE UNIDADES 1-5

REVIEW OF UNITS 1-5

1. *VOLVER A LEER EN VOZ ALTA LOS DIALOGOS 1-5.*
   Read out loud again dialogs 1-5.

Diálogo 1 ¡HOLA, BUENOS DIAS!

Sr Martínez ¡Hola, buenos días!
El Señor Buenos días, señor. ¿Qué tal?
Sr Martínez Muy bien gracias.
Un momento, por favor.
El Señor ¿Sí señor?
Sr Martínez Una pregunta.
¿Esto es un plano?
El Señor Sí, Señor. Es un plano.
Sr Martínez Y esto. ¿Es un plano o un mapa?
El Señor Esto es un mapa.
Sr Martínez ¡Bien! ¿Y esto? ¿Es un mapa también?
El Señor No, Señor. No es un mapa.
Sr Martínez ¿Qué es?
El Señor Es un libro. Es un libro de español.
Sr Martínez Muy bien, señor. ¡Adiós, hasta luego!
El Señor Adiós, señor, hasta luego.

Diálogo 2 PRESENTACIONES

Sr Martínez	¡Hola buenos días! Soy Pablo Martínez. Y usted, ¿quién es?
Srta Vázquez	Yo soy Anita Vázquez. Soy mexicana. Y usted ¿es mexicano?
Sr Martínez	No. No soy mexicano. No soy venezolano, y no soy argentino tampoco.
Srta Vázquez	¿De qué nacionalidad es usted?
Sr Martínez	Yo soy español. Soy de Madrid. Y usted ¿de dónde es?
Srta Vázquez	Yo soy de Guadalajara. Soy mexicana. Ahora trabajo aquí en la Ciudad de México, en un banco. Es un banco muy grande. Y usted, ¿dónde trabaja?
Sr Martínez	¿Yo? Yo trabajo en una escuela. Soy profesor.
Srta Vázquez	¿Quién es este chico?
Sr Martínez	Es David. Estudia español. ¡David, David, un momento, por favor!
David	¡Hola, buenos días señorita!
Sr Martínez	Señorita Vázquez, David; David, Señorita Vázquez.
David	Encantado.
Srta Vázquez	Encantada. Mucho gusto.

Diálogo 3 ANITA VA DE VIAJE

David	Anita ¿Tiene un billete para el avión?
Anita	Sí, David. Tengo un billete de Iberia. Está en mi bolso.
David	También tiene una maleta, ¿verdad?
Anita	Sí. ¡Claro! Viajo con una maleta grande. En la maleta tengo una falda, un suéter, dos o tres blusas, un pantalón, zapatos deportivos etcétera.
David	¿Tiene pasaporte o tarjeta de identidad?
Anita	Sí, tengo un pasaporte.
David	Bueno pues, ¿adónde va? ¿A Nueva York?
Anita	No, no voy a Nueva York sino a Sevilla, en España.
David	¿Para ir al aeropuerto toma un taxi o el metro, o va en autobús?
Anita	Voy en taxi.
David	¿Cuándo sale? ¿Hoy?
Anita	No. Salgo mañana.
David	¿A qué hora?
Anita	A las tres. Es muy curioso, David.
David	Pero vuelve pronto ¿verdad?
Anita	Sí, vuelvo en ocho días. Tengo mucho trabajo aquí.

David	Sí. ¡Buen viaje, Anita. ¡Hasta luego!
Anita	¡Hasta luego! ¡A estudiar!

Diálogo 4 HABLANDO POR TELEFONO

Sra Martínez	¡Oiga! ¿Fina? ¿Qué tal? ¿Cómo estás? ... Yo, pues, estoy bien gracias. Estoy en casa. ...¿Qué día es hoy? Es jueves, ¿verdad?
Fina	¿Jueves? ¡Qué va! No es jueves. Tengo mi agenda aquí. Hoy es viernes. ¿Por qué?
Sra Martínez	¿Viernes, ya? ¡Ay, Dios mío! Pero es verdad.
Fina	Entonces, sí, es viernes, pero... ¿qué pasa?
Sra Martínez	Bueno, esta tarde, Pablo y yo estamos citados con algunos amigos, amigos de la oficina pues. Son tres - Eduardo, Roberto y Juanita. Son muy simpáticos.
Fina	¡Estupendo! ¿Adonde van ustedes?
Sra Martínez	Primero vamos al teatro. ¿Quiere venir?
Fina	No, gracias. Puedo ir al teatro esta tarde pero no quiero ir. Estoy cansada.
Sra Martínez	Hay una obra muy buena en el teatro Liceo. Después vamos a cenar en un restaurante. Pero... ¿Qué hora es ahora?
Fina	Son las ocho, casi.
Sra Martínez	¿Cómo? ¿Son las ocho? ¡Ay, Dios mío! Los amigos de Pablo vienen a las ocho y media. ¡Adiós, hasta luego, Fina!
Fina	¡Adiós, Laura! ¡Hasta otro día,Laura!

Diálogo 5 EL JEFE Y EL EMPLEADO

El Jefe	¡Hola Juan! Eres puntual. Está bien porque tenemos mucho trabajo hoy.
El Empleado	Sí señor. Ya lo sé. Hay algunas cartas para mandar.
El Jefe	¿Cuántas cartas hay?
El Empleado	Hay ciento veinticinco cartas, señor.
El Jefe	¿Ciento veinticinco? ¡Qué horror!
El Empleado	Pero con mi ordenador no tardo tanto. Y podemos mandar las cartas por telefax.
El Jefe	Bueno. Siéntese. Puede empezar a escribir las cartas. ¿Tiene la lista de clientes? También puede contestar el teléfono hoy.
El Empleado	Sí, señor. Tengo la lista y los números de telefax.
El Jefe	Muy bien, Juan. Y llame a mi secretaria por favor. No sé dónde está. ¿Está hablando con sus amigas?
El Empleado	Sí señor. ¿Ahora mismo?

2. *ESTUDIAR ESTE VOCABULARIO ADICIONAL.*
Study this extra vocabulary.

el repaso (repaso): review
la frase (frase): sentence
el artículo (arteekoolo): article
leer (leer): to read
escoger (eskoxer): to choose
segundo -da (segoondo): second
escribir a máquina (makeena): to type

A. *ESCOGER EL ARTICULO APROPIADO*: **el, la, los, las.**
Choose the appropriate article.

Ejemplo: la pregunta
el aeropuerto
los mapas
las guías

1.___diálogo
2.___bancos
3.___escuelas
4.___clase
5.___boleto
6.___centro
7.___falda
8.___autobús
9.___taxi
10.___hora
11.___día
12.___guías
13.___tarde
14.___noche
15.___restaurante
16.___hotel
17.___trabajo
18.___oficina
19.___carta
20.___ordenadores
21.___jefe
22.___empleada
23.___lista
24.___sillas
25.___foto
26.___mujer
27.___moto
28.___hombres
29.___amigo
30.___agenda
31.___avión
32.___páginas
33.___teatro
34.___cine
35.___calles
36.___teléfono
37.___telefax
38.___vacaciones
39.___señores
40.___chico

B. *TERMINAR ESTAS FRASES.*
Finish these sentences.

Ejemplo:
(saber) No **sé** qué hora es.
(estudiar) Nosotros **estudiamos** español.

1. (estar) El avión ________ en el aeropuerto.
2. (ser) Yo no _____ italiano.
3. (salir) ¿A qué hora _____ usted?
4. (tener) Yo no _____ ninguna idea.
5. (trabajar) ¿Dónde _____ usted?
6. (ir) Elena _____ de viaje.
7. (saber) Nosotros no ________ decir esto.
8. (querer)¿ ___________ usted venir al cine?
9. (poder) Yo no ________ hacer este ejercicio.
10. (ser) Usted _____ muy simpática.
11. (decir) Yo ________ que es verdad.
12. (volver) El no _____ a casa tampoco.
13. (empezar) ¿Ustedes ________ a hablar bien el español?
14. (hablar) Ellos ________ mucho.
15. (escribir)¿Están _______________ a máquina ahora?
16. (poner) Yo no ________ la dirección del hotel.
17. (saber)¿Ustedes ________ qué día es hoy?
18. (conocer) Yo no ___________ a María.
19. (viajar) Nosotros ___________ en el autobús.
20. (preferir) Yo ___________ café con leche.

C. *ESCOGER LA PALABRA APROPIADA.*
Choose the appropriate word.

Ejemplo:
Estudio con mi **libro** de español.
libro/libra/carné

1. No soy inglés.No soy francés ____.
   también/tampoco/pero

2. ¿De qué nacionalidad ____ usted?
es/está/hay

3. Anita va ____ Sevilla mañana.
a/ahora/en

4 ¿Quién es ____ chico?
esto/esta/este

5. Viajo ____ una maleta.
en/a/con

6. Mi ____ es muy alto.
esposa/esposo/casa

7. Invito ____ Fina.
a/por/la

8. Están ____ el centro.
a/en/de

9. Son las siete y ____ voy.
me/mi/mis

10. ____ salir, cierro la puerta.
por/de/al

11. Es un ____ señor.
gran/grande/grandes

12. ¿Tienes ____ idea buena?
algún/algunas/alguna

13. Voy a llamar ____ teléfono.
a/por/de

14. Ellos ____ muy interesantes.
están/son/es

15. ¿____ va a volver? ¿Mañana?
dónde/cómo/cuándo

UNIDAD 7

¿QUE QUIEREN TOMAR?

WHAT WILL YOU HAVE?

Es domingo por la mañana. Son las diez. Anita y su amigo, Alberto están en la terraza de un café. Quieren desayunar. El mozo está de pie, cerca de ellos.
It is Sunday morning. It is ten o'clock. Anita and a friend, Alberto, are sitting on the terrace of a sidewalk café. They want to have breakfast. The waiter is standing near them.

Alberto **¡Oiga! ¡CHSSS!**
Hey!

El Mozo **Buenos días. ¿Qué quieren tomar?**
Good morning. What will you have?

Alberto **Buenos días. Para mí, café con leche, unas tostadas y un bollo por favor, con mermelada y mantequilla.**
Good day. For me, coffee with cream, toast and a bun, please, with jelly and butter.

El Mozo **¿Y para usted, señorita?**
And for you, miss?

Anita **Para mí, té con limón. Me gusta el té. Y una magdalena también.**
For me, tea with lemon. I like tea. And a little cake too.

Alberto **¿Qué piensa hacer hoy, Anita?**
What are you planning to do today, Anita?

Anita **Pues, nada especial. Voy a pasear. Me gusta pasear.**
Nothing special. I'm going to walk around. I like walking around.

Alberto **¿Algo más?**
Anything else?

Anita **También me encantan los monumentos históricos. Tal vez voy a la catedral o a algún museo, o al río. No quiero tomar una siesta. Me interesan mucho las ciudades antiguas como Sevilla.**
I also adore old buildings. Maybe I'll go to the cathedral or to some museum, or to the river. I don't want to have a siesta. Ancient cities like Sevilla interest me a lot.

Alberto **¿Una siesta? Yo tampoco.**
A siesta? Not me either.

Anita **¿Qué va a hacer entonces? ¿Ir a tomar vino y tapas?**
So what are you going to do? Go and have wine and tapas?

Alberto **No lo sé. ¿Por qué no vamos al cine? Hay una película nueva. ¿Vamos...? ¿De acuerdo?**
I don't know. Why don't we go to the movies. There is a new movie. Shall we go...? Ok?

Anita **Está bien. Pero quiero ver la ciudad también. ¿A qué hora quiere ir al cine?**
Right. But I also want to see the city. What time do you want to go to the movie theater?

Alberto **La sesión de tarde, a las siete, está bien pero si prefiere la sesión de noche a las diez, entonces vamos a las diez.**
The afternoon showing at seven is fine, but if you prefer the night showing at ten, then we'll go at ten.

Anita **Y mientras tanto podemos visitar algunos museos e ir de paseo.**
And meanwhile we can visit some museums and go for a stroll.

	(**Media hora después.**) (Half an hour afterward.)
Alberto	**¡Mozo! ¡Chsss! La cuenta por favor.** Waiter! The bill please.
El Mozo	**¿Sí, señor? ¿Algo más?** Yes sir, anything else?
Alberto	**Nada más gracias. ¿Cuánto le debo?** No more thank you. How much do I owe you?
El Mozo	**Son ochocientas noventa pesetas.** That's eight hundred and ninety pesetas.
Alberto	**Aquí tiene.** Here you are.

1. PRONUNCIACION

de pie (de **pye**)
de cerca (de **ther**ka)
terraza (ter**ra**tha)
desayunar (desayoo**nar**)
tostadas (tos**ta**das)
bollo (**bol**yo)
mermelada mermelada)
mantequilla (mante**kee**lya)
té (**te**)
limón (lee**mon**)
gusta (**goo**sta)
magdalena (magda**le**na)
piensa (**pyen**sa)
nada (**na**da)
especial (espe**thyal**)
pasear (pase**ar**)
paseo (pa**se**o)
me encantan (me en**kan**tan)
monumento (monu**men**to)
río (**ree**o)
siesta (**syes**ta)
interesan (inte**re**san)
antigua (an**tee**gwa)
vino (**bee**no)
tapas (**ta**pas)
película (pe**lee**koola)

sesión (ses**yon**)
mientras tanto (meeentras **tan**to)
visitar (beesee**tar**)
cuenta (**kwen**ta)
le debo (le **de**bo)
ochocientas (ocho**thyen**tas)
Holanda (o**lan**da)
Alemania (ale**man**ya)

2. PENSAR, CREER, ACABAR

pensar	creer	acabar
(pen**sar**) to think	(kre**er**) to believe, think	(aka**bar**) to finish
pienso (**pyen**so)	creo (**kre**o)	acabo (a**ka**bo)
piensa (**pyen**sa)	cree (**kre**e)	acaba (a**ka**ba)
pensamos (pen**sa**mos)	creemos (kre**e**mos)	acabamos (aka**ba**mos)
piensan (**pyen**san)	creen (**kre**en)	acaban (a**ka**ban)

Pensar has a stem change from **-e** to **-ie** when the stress falls on this syllable. In its most common function, "to think", "to believe," it is interchangeable with **creer**, which is regular in the present tense. Note the presence of -ee- in **cree.**
Pensar has another meaning of "to intend to", "to plan to".

Pienso ir al cine.
I plan to go to the movies.

¿No piensan ustedes volver hoy?
Aren't you planning to return today?

This verb is extremely useful. Its two other important meanings are:

PENSAR EN: to think **about** (dream of)

Piensan sólo en sus vacaciones.
They think only about their vacation.

Pienso en las tapas estupendas en aquel bar.
I am thinking about the wonderful tapas at that bar.

PENSAR DE: to think **about** (have a opinion about)

¿Qué piensa del nuevo aeropuerto?
What do you think about the new airport?

ACABAR DE + infinitive: to have just -ed

Acabo de contestar el teléfono. Acaban de salir.
I have just answered the telephone. They have just gone out.

Acabamos de desayunar.
We have just eaten breakfast.

3. ME INTERESA, ME GUSTA, ME ENCANTA

Although the **me** may lead you to believe that these are additional pronominal or reflexive verbs, this is not the case. Note that the ending of the verb is not for the first person (**yo**), as it would be in the reflexive verb **me levanto** (I get up) or **me ducho** (I take a shower). These expressions mean X interests me, appeals to me, enchants me, or in other words: I am interested in ..., I like ..., I adore ...

me gusta is particularly widely used. It is the standard way of saying "I like".

Me gusta la ciudad. Me encanta México.
I like the city. I adore Mexico.
(The city appeals to me. Mexico enchants me.)

Me interesa el teatro.
I'm interested in the theater.

When more than one item appeals/interests/enchants, the **verb** will take a plural ending.

Me gustan los bollos. Me encantan los museos.
I like buns. I adore museums.

Le gusta(n) means something (singular or plural) appeals to him/her/you (singular).

Les gusta(n) means something (singular or plural) appeals to you (plural),them.

Learn some examples and you will soon discover how to use these expressions.

¿A usted le gusta el vino?
Do you like wine?

Les gusta a ellos viajar.
They like to travel.

Nos encanta la catedral.
We adore the cathedral.

Me interesa visitar los monumentos históricos.
I am interested in visiting the ancient buildings.

4. Y, O

Whenever y (and) is followed by a word beginning with **i-** or **hi-** it changes to e-.

Me gusta viajar *e* ir de paseo.
I like to travel and go for a walk.

Vienen algunos amigos americanos *e* ingleses.
Some American and English friends are coming.

Whenever **o** (or) is followed by a word beginning with **o-** or **ho-**, it changes to **u.**

Tiene siete *u* ocho guías.
He has seven or eight guidebooks.

¿Sale usted para Alemania *u* Holanda?
Are you leaving for Germany or Holland.

5. MAÑANA POR LA MAÑANA

		la mañana
por	+	la tarde
		la noche

means **in** the morning/afternoon or evening/at night

Note that **mañana por la mañana** means tomorrow morning.

However, if you state the time by the clock, you must use **de**.

Abren a las diez *de* la mañana.
They open at ten in the morning.

El avión sale a las ocho *de* la noche.
The plane leaves at eight at night.

6. PARA MI

Para mí	**Para usted**	**Para nosotros**	**Para ellos**
For me	For you	For us	For them

Vino para mí, por favor.
Wine for me, please.

¿Un café para usted?
A coffee for you?

Note that **por** and **para** are studied in detail in Unit 9.

7. ALGO, NADA; ALGUIEN, NADIE; SIEMPRE, NUNCA

ALGO: NADA	**ALGUIEN: NADIE**	**SIEMPRE: NUNCA**
(algo: **nada**)	(**algyen: nadye**)	(syempre: **noonka**)
something: nothing	someone: no-one	always: never

These words belong to the same "family".

Algo pasa.
Something is happening.

No, no pasa nada.
No. Nothing is happening.

¿Alguien llama?
Is anyone calling?

No llama nadie.
No-one is calling.

¿Alguien está allí?
Is there anyone there?

No hay nadie allí.
No there's nobody there.

¿Alguien quiere ir?
Does anyone want to go?

Nadie quiere ir.
Nobody wants to go.

Siempre se levanta a las ocho.
He always rises at eight.

Nunca sale.
He never goes out.

Note: **nada, nadie, nunca** and **ninguno** may go before their verb. If they **follow** their verb **no** must always go in front of it.

No habla nadie. = Nadie habla.
Nobody speaks.

No pasa nada. = Nada pasa.
Nothing is happening.

No come nunca. = Nunca come.
He never eats.

You have already met (Unit 5) **alguno, -na** and **ninguno, -na** meaning,"some" and "not any".

¿Tiene algún dinero?
Do you have any money?

No. No tengo ningún dinero.
No I don't have any money.

8. VAMOS A CONTAR.
130 -

ciento treinta	(**thyento traynta**)	130
ciento cuarenta y cuatro	(**thyento** kwarenta ee **kwatro**)	144
doscientos, -tas	(dos**thyentos**, -tas)	200
trescientos, -tas	(tres**thyentos**, -tas)	300
cuatrocientos, -tas	(kwatro**thyentos**, -tas)	400

quinientos, -tas	(keenyentos, -tas)	500
seiscientos, -tas	(seysthyentos, -tas)	600
setecientos, -tas	(setethyentos, -tas)	700
ochocientos, -tas	(ochothyentos, -tas)	800
novecientos, -tas	(nobethyentos, -tas)	900
mil	(meel)	1,000
un millón	(meelyon)	1,000,000
dos millones	(dos meelyones)	2,000,000

Study the following examples. You will see how the numbers from 200 - 900 have a masculine and a feminine form.

Son ochocientas pesetas. Son ochocientos pesos.
It is eight hundred pesetas. It is eight hundred pesos.

You will also see that **mil** does not take the equivalent of our "a".

Millón is preceded by **un.**

un millón de coches
a million cars

The plural of **millón** is **millones.** If it is preceded by a noun, **de** is included.

El año mil cuatrocientos noventa y dos es muy importante.
The year 1492 is very important.

Dos millones de personas viven en la ciudad.
Two million people live in the city.

9. EL AGUA (f)

¡Agua fría, por favor!
Cold water, please!

El ama de casa trabaja mucho.
The housewife works a lot.

Some nouns with initial stressed **a** take the masculine article while they are in fact feminine, and any adjective connected to them is in the feminine.

10. VOCABULARIO

sentado, -da: sitting, seated
de pie: standing

la terraza: terrace
un café: coffee; café
el mozo: waiter
la cuenta: check, bill
cerca (de): near
comer: to eat
desayunar: to take breakfast
tomar: to take, to drink, to eat
me interesa: I am interested in
me gusta: I like
me encanta: I adore
querer: to want
visitar: to visit
ir de paseo: to go for a walk, to stroll
pasear: to go for a walk, to stroll
pensar: to think
creer: to believe, to think
pensar de: to think about (have an opinion of)
pensar en: to think of (about, dream of)
acabar: to finish

el bollo: bun
la tostada: toast
la mermelada: jelly
la mantequilla: butter
la magdalena: little cake
el té: tea
el limón: lemon
el vino: wine
las tapas: appetizers
¿cuánto le debo?: how much do I owe you?
algo: something
nada: nothing
alguien: someone
nadie: no-one, nobody
nunca: never
siempre: always
el monumento: ancient monument
la catedral: cathedral
el museo: museum
el río: river
la siesta: siesta, afternoon nap
la película: movie
la sesión: showing, session

el cine: movie theater; cinema
el dinero: money
el coche: car
el ama (f) de casa: housewife
el agua (f): water

nuevo, -va: new
antiguo, -gua: old, ancient
importante: important

por la mañana: in the morning
mañana por la mañana: to-morrow morning
mientras tanto: meanwhile
tal vez: perhaps, maybe
en voz alta: aloud
¡de acuerdo!: agreed, of course
Holanda: Holland
Alemania: Germany

11. EJERCICIOS

A. CONTESTAR SEGUN EL DIALOGO DE LA UNIDAD VII

1. ¿Dónde están sentados Anita y Alberto?
2. ¿Qué toma Alberto?
3. ¿Qué toma Anita?
4. ¿Anita piensa hacer algo especial aquel día?
5. ¿Están en una ciudad interesante?
6. ¿Alguien quiere tomar una siesta?
7. ¿Qué quiere hacer Alberto?
8. ¿A qué hora empieza la sesión de noche?
9. ¿Qué van a hacer antes de ir al cine?
10. ¿Cómo llama Alberto al mozo? ¿Qué dice?
11. ¿Cuánto paga?
12. ¿Qué dice Alberto cuando paga al mozo?

B. ¿A QUÉ HORA SALE?

Ejemplo:
El vuelo sale a las quince horas cuarenta y cinco minutos.
Sale a las **cuatro menos cuarto.**

1. Sale a las dieciséis horas y cinco minutos.
2. Sale a las veinte horas y treinta minutos.
3. Sale a las dieciocho horas y veinticinco minutos.
4. Sale a las veintidós horas.

C. CONTESTAR SEGUN EL EJEMPLO CON: NADIE, NADA, NUNCA, NINGUNO, TAMPOCO.

Ejemplo:
¿Toma usted algo con el café?
No, no tomo **nada.**

1. ¿Viene alguien a casa hoy?
2. ¿Siempre cena usted en aquel restaurante?
3. ¿Tienen ustedes alguna idea buena?
4. ¿Quiere usted leer algo?
5. ¿Desea usted visitar algún museo?
6. ¿Ellos tienen tapas también?

UNIDAD 8

EN UNA PENSION U HOTEL

IN A HOTEL

Hoy, el Señor Martínez está en la ciudad de Santiago. Va a La Pensión Altamira, donde tiene una reserva para la noche. Ahora habla a la recepcionista de la pensión.

Recepcionista	**Hola, buenas tardes. ¿Qué desea?** Hello, good afternoon. Can I help you? (Literally: What do you want?)
Señor Martínez	**Buenas tardes. Tengo una reserva para esta noche.** Good afternoon. I have a reservation for tonight.
Recepcionista	**¿Su nombre por favor?** Your name please?
Señor Martínez	**Soy Pablo Martínez.** I am Pablo Martínez.
Recepcionista	**Bueno... vale... Aquí está. Una reserva para una persona.** Very good... right ..., here it is. A reservation for one person.

Señor Martínez	**Pues sí. Para una noche. Me voy mañana por la mañana.** Right. For one night. I'm leaving tomorrow morning.
Recepcionista	**¿Quiere rellenar esta ficha? ¿Tiene equipaje? Puede dar sus maletas al botones.** Fill this card in, please. Have you any baggage? You can give your suitcases to the bellhop.
Señor Martínez	**¿Tiene bolígrafo por favor? ¿Equipaje? No llevo nada, sólo esta maleta pequeña.** Have you a ballpoint, please? Baggage? I have nothing with me except this small suitcase.
(Pausa) (Pause)	**Aquí tiene la ficha y el bolígrafo.** Here are the card and the ballpoint.
Recepcionista	**Gracias. ¿Habitación individual?** Thanks. A single room?
Señor Martínez	**No. Doble por favor, y con vista al mar.** No. A double room, please, with an ocean view.
Recepcionista	**Aquí tiene una habitación tranquila con baño* completo.** Here's a quiet room with bathroom.
Señor Martínez	**¿En qué piso está?** What floor is it on?
Recepcionista	**En el tercer piso. Puede tomar el ascensor.** On the third floor**. You can take the elevator.
Señor Martínez	**¿Hay teléfono en la habitación?** Is there a phone in the room?
Recepcionista	**¡Claro que sí! Aquí tiene la llave. No ... momentito. Es la veintiséis y usted quiere la treinta y seis.** Of course! Here's the key. No... one minute, please. It's twenty-six and you want thirty-six.
Señor Martínez	**¿Y el comedor? ¿Hasta qué hora sirven la cena y el desayuno?** And the dining room? How late are dinner and breakfast served?

Recepcionista	**Está por allí en la planta baja ... La cena, la sirven hasta las once, y el desayuno de ocho a once.** It's on the ground floor over there... Dinner is served until eleven o'clock, and breakfast from eight until eleven.
Señor Martínez	**Gracias, señorita.** Thanks.
Recepcionista	**No hay de qué. Adiós, hasta luego Señor Martínez.** You're welcome. (Literally: There is no need to.) Goodbye, see you later, Mr Martínez.

*con baño: with bathroom, including bath
con medio baño: with bathroom, but only a small bath or shower

In some countries **el primer piso (the first floor) is counted as being the one above the floor on ground level. All the succeeding floors will then be one less than the number would have been under the American system.

Therefore in Spanish:

the first floor is usually **la planta baja**;
the second floor is usually **el primer piso**;
the third floor is usually **el segundo piso**;
the fourth floor is usually **el tercer piso**, etc.

Be prepared. Just as British English is different from American English (U.S. first floor = U.K. ground floor), so you may find variations in Spanish according to region and country.

1. PRONUNCIACION

pensión (pen**syon**)
ascensor (asthen**sor**)
comedor (kome**dor**)
reserva (re**ser**ba)
recepcionista (rethepthyo**nees**ta)
¿qué desea? (ke de**se**a)
nombre (**nom**bre)
rellenar (relye**nar**)
ficha (**fee**cha)
equipaje (ekee**pa**xe)
bolígrafo (bo**lee**grafo)
llevo (**lye**bo)
habitación (habeeta**thyon**)

individual (eendeebeed**wal**)
doble (**do**ble)
vista al mar (**bee**sta al mar)
tranquila (tran**kee**la)
con baño completo (kon **ban**yo kom**ple**to)
teléfono (**te**lefono)
claro que sí (**kla**ro ke see)
monumento (monoo**men**to)
comedor (kome**dor**)
sirven (**seer**ben)
cena (**the**na)
planta baja (**plan**ta **ba**xa)
no hay de qué (no ay de ke)

2. LOS ADJETIVOS POSESIVOS

The possessive adjectives (my, his, her, your, etc.)

Remember that contrary to English usage, these agree in number and gender with the item possessed. Unlike "my," **mi** has a plural **mis,** as do **su** (**sus**), **nuestro** (**nuestros**). Likewise **nuestro** has a feminine form **nuestra.**

Tengo **mis** llaves. (llaves is plural)
I have my keys.

Nuestra habitación está en este piso. (habitación is feminine)
Our room is on this floor.

If **su**(**s**) (his, her, its, your -singular or plural-, their) gives rise to ambiguity, remember you can avoid this by adding **de él, de ella, de usted**(**es**), etc.

¿Es su equipaje **de usted**, Señor?
Is that your baggage, sir?

3.

DAR (dar) to give
This is another very common irregular verb.

doy	(doy)
da	(da)
damos	(damos)
dan	(dan)

Damos una propina al botones.
We give the bellhop a tip.

Doy las gracias a la recepcionista.
I thank the receptionist.

Although in English we give someone something, in Spanish you have to include "to," i.e. give to someone something, or give something to someone.

Dan la llave **al** señor.
They give the man the key.

SERVIR (serbeer), "to serve," has a stem change (shown in the glossary by (ie) when the stress falls on the stem vowel.

sirvo	(seerbo)
sirve	(seerbe)
servimos	(serbeemos)
sirven	(seerben)

Sirven té y café.
They serve tea and coffee.

Sirven el desayuno en el comedor a las ocho.
Breakfast is served in the dining room at eight.

VER (ber) to see

veo	(beo)
ves	(bes)
ve	(be)
vemos	(bemos)

Vemos a mis amigos.
We see my friends.

Ven el coche.
They see the car.

4. PRIMERO → DECIMO

First → tenth

You have already met **primero, -ra, segundo, -da, tercero, -ra.** Here are the other ordinals. Only **primero** is used for dates. You may need to know the others for floors of buildings, following directions, etc. These words are adjectives, so agree with their noun in number and gender.

1. (uno) primero, -ra	
2. (dos) segundo, -da	
3. (tres) tercero, -ra	
4. (cuatro) cuarto, -ta	(**kwar**to)
5. (cinco) quinto, -ta	(**keen**to)
6. (seis) sexto, -ta	(**sek**sto)
7. (siete)séptimo, -ma	(sep**tee**mo)
8. (ocho)octavo, -va	(ok**ta**bo)
9. (nueve)noveno, -na	(no**be**no)
10. (diez) décimo, -ma	(**de**theemo)

la quinta planta/el quinto piso
the fifth floor

el primer plato
the first course

Enrique Octavo
Henry VIII

la tercera calle
the third street

5. TITLES

Spaniards use **Señor, Señora,** and **Señorita** more than we use the English equivalents. They are used by themselves and to attract someone's attention, and also with family names. When speaking about someone, you say **el Señor** Xx, **la Señora** Xx; when addressing them directly, you drop the **el, la.**

Ejemplo:
¡Señor, por aquí!
This way, sir.

Mi profesor es el Señor Díaz.
My teacher is Mr Díaz.

¡Buenos días, Señor Valenzuela!
Good day Mr Valenzuela.

You will also hear the words **Don** and **Doña** used with a person's first name, as a token of respect.

Don Juan **Doña Maité**

Remember that Spanish speakers often have only one first name, but several family names. Women keep their maiden name on marriage, and children receive the first family name of each parent.

Be warned: **Juan López Valdecasas** is not Mr Valdecasas, but Mr López Valdecasas.
This can cause great confusion to the unwary!
Women keep their maiden name on marriage but officially may be referred to by their husband's name preceded by **de** (of).

Ejemplo: Señora **de** Muñoz

or

Señora Elena Escobar **de** Bravo.

6. QUISIERA

QUISIERA (keesyera) "I should like"

This comes from **querer** "to wish, want," and is more courteous than the ordinary form **quiero,** "I want."

Quisiera conocer el país.
I should like to know the country.

Quisiera desayunar a las siete.
I should like to take breakfast at seven.

7. MUCHO, -CHA,

(**moocho**, -cha)

You are familiar with **mucho.**
Remember it can be used with a verb:

Bebemos mucho porque tenemos calor.
We drink a lot because we are hot.

Estudio mucho.
I study a lot.

It can also be used as an adjective, with a noun which it agrees with in number and gender.

Hay muchos italianos aquí.
There are many Italians here.

No tenemos mucha leche.
We do not have much milk.

8. POCO, -CA, DEMASIADO, -DA

(poko, -ka, demasyado, -da)

poco, -ca means the opposite - "little"; **un poco** means "a little" and is similarly used.

El estudia muy poco. El estudia un poco.
He studies very little. He studies a little.

Hay pocos americanos en Alemania.
There are few Americans in Germany.

Tomo poco vino y poca cerveza.
I drink little wine and little beer.

DEMASIADO, -DA means "too much"

Estudia demasiado.
He studies too much.

Hablan demasiado.
They talk too much.

No quiero demasiada leche.
I don't want too much milk.

Hay demasiados estudiantes.
There are too many students.

9. LO + ADJETIVO

Lo plus the masculine singular of an adjective is a useful way of expressing "the ___ (thing(s))."

Lo bueno es que ...
The good thing is that ...

Lo importante es que ...
The important thing is that ...

¿Todo lo contrario!
Just the opposite!

10. VOCABULARIO

la pensión: small, family-run hotel
la habitación: room
la reserva: reservation
la ficha: card, index card to fill in
el bolígrafo: ballpoint
la vista: sight, view
la vista al mar: overlooking the sea

el piso: appartment, floor (storey)
el ascensor: elevator
la planta baja: first floor
el equipaje: baggage
la recepción: reception
la recepcionista: receptionist
el teléfono: telephone
el baño: bath, bathroom
el momento: moment
la cena: dinner
el comedor: dining room
la propina: tip
el país: country
la cerveza: beer
Don: title of respect for man, used with first name
Doña: title of respect for woman, used with first name
dar: to give
servir: to serve
rellenar: to fill in
llevar: to carry, wear, have with one
desde: from
hasta: until
quisiera: I should like
aquí tiene: here you are
¿Qué desea?: Can I help you?
claro que sí/no: of course/of course not
famoso, -sa: famous
contrario, -ria: opposite
individual: single (room)
doble: double (room)
cuarto, -ta: fourth
quinto, -ta: fifth
sexto, -ta: sixth
séptimo, -ma: seventh
octavo, -va: eighth
noveno, -na: ninth
décimo, -ma: tenth

11. EJERCICIOS

A. CONTESTAR SEGUN EL DIALOGO DE LA UNIDAD VIII.

1. ¿En qué ciudad está el Señor Martínez hoy?
2. ¿Tiene una reserva para una noche o para dos noches?
3. ¿Con quién habla?
4. ¿Por qué necesita un bolígrafo?
5. ¿Cuántas maletas tiene?
6. ¿El mozo lleva las maletas del Señor Martínez?
7. ¿En qué piso está la habitación número 317?
8. ¿La pensión tiene ascensor?
9. ¿A qué hora sirven el desayuno?
10. ¿El Señor Martínez quiere llamar por teléfono?

B. **¡Todo lo contrario!**
(todo lo kontraryo)
Quite the opposite!

ESCRIBIR LA PALABRA QUE QUIERE DECIR LO CONTRARIO.
WRITE THE WORD WHICH MEANS THE OPPOSITE.

1. no
2. grande
3. de pie
4. bueno
5. también
6. poco
7. comenzar
8. alguno
9. nada
10. nunca
11. nuevo
12. ir
13. el hombre
14. la noche
15. tener frío
16. aquí

C. RELLENAR CON EL ADJETIVO POSESIVO APROPIADO.
FILL IN WITH THE APPROPIATE POSSESSIVE ADJECTIVE.

Ejemplo:

Tengo mi boleto, mi pasaporte y mis maletas.

Alfonso lleva sus llaves y su tarjeta de identidad.

1. Marta tiene ___ café y ___ tostadas.
2. ¿Tenemos _______ billetes y ______ tarjetas postales?
3. El chico da _____ mermelada y ___ bollos a ___ padre. No le gustan.
4. Invitamos a ___ amigos y a __ jefe a cenar en __ casa.
5. Doy ___ falda y ___ zapatos a mi amiga. Ella no tiene nada.

D. COMPLETAR SEGUN EL EJEMPLO:

Ejemplo:

La unidad número uno es la **primera** unidad.

1. La página número cinco es la _____ página.
2. La pregunta número seis es la _____ pregunta.
3. El diálogo número dos es el _____ diálogo.
4. La contestación número cuatro es la ____ contestación.
5. El autobús que pasa después del segundo autobús es el _____ autobús.

UNIDAD 9

DAVID VA A CORREOS

DAVID GOES TO THE POST OFFICE

David **Quisiera comprar un sello* para una tarjeta postal.**
I'd like to buy a stamp for a postcard.

Empleada **¿Para dónde?**
Where for?

David **Para el Reino Unido.**
For the United Kingdom.

Empleada **Son doscientos diez pesos. ¿Algo más?**
That's 210 pesos. Anything else?

David **También quería mandar dos cartas. Esta es para los Estados Unidos y ésta para este país.**
I also wanted to send two letters. This one is for the US and this one is for this country.

Empleada **Hace falta pesar las dos.**
It is necessary to weigh both of them.

David **Pensaba que hay una sola tarifa dentro del país.**
I thought there was just one rate inside the country.

Empleada **No es verdad.**
That's not true.

La empleada toma las cartas, las pone en una pequeña balanza y luego da a David los sellos que hacen falta.
The employee takes the letters, puts them on a small scale and then gives David the stamps he needs.

Empleada **Aquí tiene. Este es para este país, ése es para los Estados Unidos.**
Here you are. This one is for this country, that is for the U.S.

David **También quisiera mandar este paquete a Nueva York. No sabía si hacía falta mandarlo por avión. ¿Va a tardar mucho en llegar? ¿Qué piensa?**
I'd also like to send this packet to New York. I did not know if it was necessary to send it by air. Is it going to take long to arrive? What do you think?

Empleada **Según. A veces sí, a veces no. Tal vez ocho días** más o menos.**
It depends. Sometimes, sometimes not. Perhaps a week, more or less.

David **Tiene que llegar antes de Semana Santa, por lo tanto lo voy a mandar por avión.**
It has to arrive before Holy Week. Therefore I'm going to send it by air.

Empleada **Con las fiestas tarda más, claro.**
With the public holidays it takes longer, of course.

(Pausa) **Va a ser un poquito caro. Lo siento.**
(Pause) It's going to be a little expensive. I'm sorry.

David **Sabía que iba a costar bastante.**
I knew it was going to cost a fair amount.

Empleada **Son mil quinientos pesos en total.**
That's one thousand five hundred pesos in all.

David **Espere... Aquí tiene dos mil. No tengo suelto.**
Wait, here's two thousand. I've no change.

Empleada **¡Vale!*** Dos mil... Y aquí quinientos. Y tiene que rellenar una ficha.**
Right! Two thousand ... and here's five hundred. And you have to fill in a form.

David **De acuerdo. No lo sabía.**
O.K. I didn't know.

(Pausa) **¿Qué hace falta escribir aquí? ¿Valor del contenido? ¿Dirección? No vivo aquí.**
(Pause) What do I have to put here? Value of contents? Address? I don't live here.

Empleada **Tiene que poner algo. ¿El nombre de su hotel?**
You have to put something. The name of your hotel?

David **Gracias, Señorita.**
Thanks, Miss.

Empleada: **A usted. ¡Chao!******
Thank you, bye.

*el **timbre** and la **estampilla** also mean stamp. Preference for choice varies from country to country.

****ocho días** - literally eight days, it is used to mean "one week" Note also **quince días**, which is used to mean "two weeks."

***¡Vale! means "Right." **¡Cómo no!** is used very widely, particularly in Latin America with this meaning. Note that Spaniards use **Gracias** less often than we say "Thank you."

******¡Chao!** is widely used in Latin America though not in Spain.

1. PRONUNCIACION

¿qué quería? (ke ke**ree**a)
comprar (kom**prar**)
sellos (**sel**yos)
paquetes (pa**ke**tes)
Correos (ko**rre**os)
Reino Unido (**ray**no oo**nee**do)
mandar (man**dar**)
hace falta (**a**the **fal**ta)
pesar (pe**sar**)
pensaba (pen**sa**ba)
una sola tarifa (**oo**na **so**la ta**ree**fa)
dentro (**den**tro)
verdad (ber**dad**)
balanza (ba**lan**tha)
sabía (sa**bee**a)
costar bastante (kos**tar** bas**tan**te)
hacía falta (a**thee**a **fal**ta)
tardar (tar**dar**)

llegar (lye**gar**)
Semana Santa (se**ma**na **san**ta)
fiestas (**fye**stas)
poquito (po**kee**to)
caro (**ka**ro)
en total (en to**tal**)
suelto (**swel**to)
valor (ba**lor**)
contenido (konte**nee**do)
nombre (**nom**bre)
chao (**cha**o)
hablar (a**blar**)

2. HACE FALTA, HAY QUE, TENGO QUE, DEBO

These all express an idea of necessity. Their use overlaps in some areas.

Hace falta + infinitive means "it is necessary to..."

Hace falta pesar las cartas.
It is necessary to weigh the letters.

Hace falta hablar español.
It is necessary to speak Spanish.

No hace falta rellenar otra ficha.
It is not necessary to fill in another form.

Hace falta + noun means "X is necessary," or "I need X."

¿Hace falta un bolígrafo?
Is a ballpoint needed?

If the noun is in the plural (i.e. there is more than one thing), **hace** will become **hacen.**

¿Hacen falta las otras llaves?
Are the other keys needed?

Hacen falta más personas.
More people are needed.

HAY QUE + INFINITIVE, means "it is necessary to/one one has to." It can only be followed by an infinitive, never by a noun.

Hay que escribir su dirección .
You have to write your address.

Hay que pagar cien dólares.
You have to pay $100.

TENGO QUE + INFINITIVE, means "I have to".
This way of expressing need is personal: you can say
"I/you/ we/they have to..."

Tengo que llamar por teléfono.
I have to phone.

Tenemos que pagar.
We have to pay.

Ustedes tienen que tomar un taxi.
You have to take a taxi.

DEBO + INFINITIVE means "I must..."
This is another personal way of expressing need, often conveying moral obligation.

Debemos escribir estas postales.
We must write these postcards.

Debo volver a hacer este ejercicio.
I must do this exercise again.

Ustedes deben llegar para las fiestas.
You must arrive for the public holidays.

No debemos pensar en esto.
We must not think about this.

3. PRONOMBRES DE COMPLEMENTO DIRECTO

Direct object pronouns (I read **it,** I buy **them,** etc)

La empleada tiene sellos. La empleada **los** tiene.
The employee has stamps. The employee has them.

Here **los** stands for **los sellos.**

El señor manda la carta. El señor **la** manda.
The man sends the letter. The man sends it.

Here **la** stands for **la carta.**

Quiero comer el bollo. Quiero comer**lo**.
Lo quiero comer.
I want to eat the bread roll. I want to eat it.

In the above example the pronoun **lo,** standing in for **el bollo** can go in one of two places. It can go either in front of **quiero** or after the infinitive **comer.** When you have a verb + infinitive you can use either word order. See also:

Vamos a hacer**lo**.
Lo vamos a hacer.
We are going to do it.

4. OTROS VERBOS UTILES

leer	**mirar**	**buscar**	**escuchar**	**pedir**
(leer) to read	(meerar) to look at	(booskar) to look for	(eskoochar) to listen to	(pedeer) to ask for
leo	**miro**	**busco**	**escucho**	**pido**
lee	**mira**	**busca**	**escucha**	**pide**
leemos	**miramos**	**buscamos**	**escuchamos**	**pedimos**
leen	**miran**	**buscan**	**escuchan**	**piden**

Take care with these verbs.
Leer follows the same pattern as **creer,** "to believe" (Unidad 7).
Do not forget the **-ee-** in **cree, lee.**

Mirar, buscar, escuchar are regular verbs.
Note:
mirar means to look **at**
buscar means to look **for**
escuchar means to listen **to**
pedir means to ask **for**

No additional word is needed to convey "at," "for," "to," as these words are already contained in the Spanish words.

Pedir is a stem-change verb. The **-e** stem of the infinitive becomes **-i-** when the stress falls on it - **pido, pide, piden.**

Leemos poco. Miramos el televisor. Pido agua.
We read little. We watch the television. I ask for water.

Buscan el bar. Escucho la radio.*
They look for the bar. I listen to the radio.

***radio** is masculine in many Latin American countries.

5. PARA y POR

Both these words can mean "for." The best way to learn to use them corectly is to learn some of our examples. You will then find yourself using them correctly.

PARA is used:

i. Before the infinitive, meaning "in order to."

El va a Correos para comprar sellos.
He goes to the Post Office to buy stamps.

ii. To express use or purpose.

¿Para qué sirve este libro?
What is this book for?

iii. To express movement toward, or destination.

Vamos para Valparaíso.
We are going toward Valparaíso.

iv. To express "to" or "for" after **bastante**, enough; **demasiado**, too much; **muy**, very.

El español es muy fácil para mí.
Spanish is very easy for me.

No son bastantes importantes para ir allí.
They are not important enough to go there.

POR is used:

i. To express place "through", "along."

Da un paseo por la calle.
He goes for a walk along the street.

El tren pasa por el centro.
The train goes through the center.

ii. To express exchange.

Doy mucho dinero por esto.
I give a lot of money for this.

iii. To express manner or means.

Mando la carta por avión.
I send the letter by air.

Llamamos por teléfono al hotel.
We telephone the hotel.

4. To express proportion or sequence.

Veinte kilómetros por hora.
Twenty kilometers an hour.

Entran uno por uno.
They come in one at a time.

5. To express "on behalf of," "for the sake of."

Hace mucho por el país.
He does a lot on behalf of the country.

6. EL IMPERFECTO

THE IMPERFECT

Until now you have only studied the Present Tense.
You will need to know the IMPERFECT. It is used to describe:

i. Continuous action in the past
It was raining.

ii. Repeated action in the past
I used to go there.
I would get up each day at six.

iii. To describe how something was
The church was on a hill.
It was very old.

It is not possible to say that the Spanish imperfect is conveyed in English by any specific combination of words. Sometimes we use "was/were -ing," or "used to —," or even "would —," if "would" means "used to". Sometimes English just uses the simple past: "He had a house in the country."

FORMATION

-AR verbs	**-ER, -IR** verbs
mirar (mee**rar**)	vivir (bee**beer**)
miraba (mee**ra**ba)	vivía (bee**bee**a)
miraba (mee**ra**ba)	vivía (bee**bee**a)
mirábamos (mee**ra**bamos)	vivíamos (bee**bee**amos)
miraban(mee**ra**ban)	vivían(bee**bee**an)

You simply remove the **-ar** or **-er/-ir** and add the appropriate ending. There are no stem changes in the imperfect and only three verbs have an irregular form.

They are so frequently used that you will learn them very quickly.

SER	**IR**	**VER**
to be	to go	to see
era	**iba**	**veía**
era	**iba**	**veía**
éramos	**íbamos**	**veíamos**
eran	**iban**	**veían**

Era importante para mí.
It was important for me.

Iba a la escuela allí.
I used to go to school there.

Ibamos en el coche.
We used to go in the car.

7. VOCABULARIO

el imperfecto: imperfect
el complemento directo: direct object
el pronombre: pronoun
para: for; in order to; toward
por: for; through; by
el sello: stamp
la estampilla: stamp
el timbre: stamp
el paquete: packet
la tarifa: tariff, rate
la balanza: scale
Correos: Post Office
Reino Unido (m): United Kingdom
Semana Santa: Holy Week
la fiesta: public holiday; party
un poquito: a little (bit)
el suelto: change (of money)
la dirección: address
el nombre: name
el valor: value

el contenido: contents
hace falta: it is necessary
hay que: it is necessary
debo: I must
tengo que: I have to
pesar: to weigh
llegar: to arrive
esperar: to wait for; to hope
costar: to cost
mirar: to look at
buscar: to look for
escuchar: to listen to
pedir: to ask for
ocho días: (used for) one week
bastante: enough; a fair amount
solo, -la: alone
lo siento: I am sorry
por lo tanto: therefore
dentro de: inside
no es verdad: that's not true
por avión: by air
según: it depends
tal vez: maybe, perhaps

8. EJERCICIOS

A. CONTESTAR SEGUN EL DIALOGO DE LA UNIDAD 9.

1. ¿Dónde está David?
2. ¿Quiere comprar una tarjeta postal?
3. ¿Cuántas cartas quería mandar?
4. ¿Qué hace falta hacer con las cartas?
5. ¿David quiere mandar su paquete a París o a Roma?
6. ¿Cuánto tiempo va a tardar en llegar?
7. ¿Sabía David cuánto iba a costar?
8. ¿Cuánto es en total?
9. ¿Qué tenía que escribir en la ficha?
10. ¿Tenía David suelto?

B. ESCRIBIR EL PRONOMBRE DEL COMPLEMENTO DIRECTO.

Ejemplo:
David manda la carta.
David la manda.

1. David rellena la ficha.
2. Escribe la dirección.
3. Compra sellos.
4. No veo el nombre.
5. ¿Tiene el dinero?
6. Ahora estudia la gramática.
7. No veo los monumentos.
8. Miramos el paquete.
9. Queremos abrir las cartas.
10. Pido unos bollos.

*C. COMPLETAR CON **PARA** O **POR***

1. Viene dos veces ____ semana.
2. Salen _____ Holanda hoy.
3. Viajamos siempre ____ avión.
4. Las cartas son _____ mi jefe.
5. ¿Hay un banco _____ aquí?
6. No es muy fácil _____ mí.
7. ¿_____ qué sirve esta máquina?
8. Acabo de pasar ____ Madrid.
9. Estudio español ____ poder hablar bien.
10. Doy cien pesetas ____ el bolígrafo.

D. CAMBIAR AL ***IMPERFECTO.***

Ejemplo:
Vivo en esta ciudad.
Vivía esta ciudad.

1. Compran mucho.
2. Hablamos bastante.
3. Como demasiado
4. ¿Usted mira al chico?
5. Llegan para Semana Santa.
6. Bebe mucha agua fría.
7. Es interesante.
8. Veo el centro desde aquí.
9. Voy al aeropuerto.
10. Son caros.

UNIDAD 10

¿QUE TIEMPO HACE?

WHAT'S THE WEATHER LIKE?

Señor Martínez **Bueno, pues, David ¿va a pasar el fin de semana en el campo? Tiene familia allí, ¿no es verdad?**
So, David, are you going to spend the weekend in the country? You have relatives there, isn't that so?

David **No. Me quedo aquí en la ciudad. Me gusta mucho estar aquí.**
No. I'm staying here in the city. I like it a lot here.

Señor Martínez **¡Pero ... hombre! El campo es tan bonito en abril. Hace buen tiempo.**
But ... come on! The countryside is so attractive in April. The weather is so good.

David **Por eso prefiero estar aquí. Mire el cielo azul. Mírelo. No hace calor, no hace frío tampoco. Hace sol. No llueve. Hace un tiempo buenísimo.**
That's why I prefer to be here. Look at the blue sky. Look at it! It's not hot. It's not cold either. It's sunny. It's not raining. It's wonderful weather.

Señor Martínez **Tiene razón. No hace viento tampoco. Hay nubes pero no muchas.**
You're right. It's not windy either. There are clouds but not many.

David **¿Y usted no piensa quedarse?**
And you aren't planning to stay here?

Señor Martínez **¡Qué va! Me voy. Voy a la sierra. Me gusta montar a caballo. Creo que las condiciones son ideales este fin de semana.**
No way! I'm off. I'm going to the mountains. I like riding. I think conditions are ideal this weekend.

David **¿De veras?**
Really?

Señor Martínez **Va a hacer sol. Allí no nieva. Allí hizo buen tiempo el día que perdí el paraguas y el impermeable y que llovió tanto aquí.**
It's going to be sunny. It does not snow there. The weather was good there the day that I lost my umbrella and raincoat, when it rained so much here.

David **Sí. Me acuerdo.**
Yes. I remember.

Señor Martínez **Va a hacer un tiempo magnífico, no como aquel día el año pasado cuando nos acompañaron nuestros amigos ingleses que no sabían montar a caballo. Y usted nos acompañó también ¿no?**
It's going to be wonderful weather, not like that day last year when our English friends who did not know how to ride came with us. And you came with us too, didn't you?

David **¡Claro! Fue diciembre ¿verdad? Desapareció el sol. Llovió. Se levantó el viento. No me gustó en absoluto.**
Of course. It was December, right? The sun went in. It rained. The wind rose.I did not like it at all.

Señor Martínez **Si hace frío, se pone otro suéter, y ya está.**
If it's cold, you put on another sweater, and that's it.

David **Si hace frío me quedo aquí. Si hace calor me quedo aquí. Si tengo vacaciones me voy ... a la playa, tal vez ... pero un fin de semana en la sierra no me apetece.**
If it's cold I stay here. If it's hot I stay here. If I have a vacation, I go away ... to the beach maybe ... but a weekend in the mountains does not appeal to me.

Señor Martínez **¡Basta! "De gustos y colores no hay nada escrito". Veo que no está convencido. ¡Hasta otro día!**
That's enough! There's no accounting for tastes. (Literally: Of tastes and and colors nothing is written.) I see you are not convinced. See you another day.

David **Hasta otro día, Señor Martínez. ¡Que lo pase bien!**
See you another day, Mr Martínez. Have a good time!

1. PRONUNCIACION

¿Qué tiempo hace? (ke **tyem**po **a**the)
pasar (pa**sar**)
el fin de semana (el feen de se**ma**na)
el campo (el **kam**po)
familia (fa**mee**lya)
¿no es verdad? (no es ber**dad**)
me quedo (me **ke**do)
hombre (**hom**bre)
tan bonito (tan bo**nee**to)
abril (a**breel**)
el cielo azul (el **thye**lo a**thool**)
hace calor (**a**the ka**lor**)
hace frío (**a**the **free**o)
hace sol (**a**the **sol**)
llueve (**lyoo**ebe)
buenísimo (bwe**nee**seemo)
razón (ra**thon**)
hace viento (**a**the **byen**to)
nubes (**noo**bes)
qué va (ke ba)

la sierra (la syerra)
montar a caballo (montar a kabalyo)
las condiciones (las kondeethyones)
son ideales (son eedeales)
de veras (de beras)
además (ademas)
anoche (anoche)
anteayer (anteayer)
llovió (lyobyo)
perdí (perdee)
paraguas (paragwas)
impermeable (eempermeable)
me acuerdo (me akwerdo)
magnífico (magneefeeko)
acompañaron (akompanyaron)
diciembre (deethyembre)
desapareció (desaparethyo)
ya está (ya esta)
la playa (la playa)
me apetece (me apetethe)
colores (kolores)
escrito (eskreeto)

2. LOS MESES DEL AÑO

The months of the year

¿Cuántos meses hay en un año?
How many months are there in a year?

Hay doce meses en un año.
There are twelve months in a year.

Son:

- **enero** (enero)
- **febrero** (febrero)
- **marzo** (martho)
- **abril** (abreel)
- **mayo** (mayo)
- **junio** (xoonyo)
- **julio** (xoolyo)
- **agosto** (agosto)
- **septiembre** (septyembre)
- **octubre** (oktoobre)
- **noviembre** (nobyembre)
- **diciembre** (deethyembre)

LAS ESTACIONES
The seasons

¿Cuántas estaciones hay en Europa?
How many seasons are there in Europe?

En Europa, hay cuatro estaciones.
In Europe, there are four seasons.

Son:

la primavera (preemabera)	spring
el verano (berano)	summer
el otoño (otonyo)	fall
el invierno (eenbyerno)	winter

No me gusta el invierno.
I don't like winter.

Preferimos la primavera.
We prefer spring.

¿Qué estación prefieren ustedes?
Which season do you prefer?

Note that like the days of the week, seasons and months of the year generally take a small initial letter.

3. ¿QUE TIEMPO HACE?

What's the weather like?

En invierno hace frío.
In winter it's cold.

En verano hace calor.
In summer it's hot.

En otoño no hace buen tiempo.
In the fall the weather is not good.

En primavera hace buen tiempo.
In spring the weather is good.

¿Hace frío en Montevideo en diciembre por lo general?
Is it usually cold in Montevideo in December?

¿Por lo general nieva mucho en invierno?
Does it usually snow much in winter?

4. ¿QUE?/ QUE

What(?), which(?), who(?)

¿QUE? is a question word, as in **¿Qué** tiempo hace?
What is the weather like?

¿Qué hora es?
What's the time?

Que also acts as a relative pronoun meaning, **which, that, who.**

La carta **que** veo es de Madrid.
The letter (that) I can see is from Madrid.

Los chicos **que** cantan en el parque.
The guys (that) sing in the park.

It also means "that", but whereas in English we frequently omit "that", in Spanish you must include **que**. It is invariable.

Es verdad. Tiene familia en el campo.
Es verdad **que** tiene familia en el campo.
It's true that you have relatives (literally: family) in the country.

Dicen **que** va a hacer frío.
They say it's going to be cold.

Creo **que** hace sol en la sierra.
I think it's sunny in the mountains.

¿QUIEN(ES)?/QUIEN(ES)
Who(m)?/who(m)

¿QUIEN(ES)? is a question word, which like "who" is used only for people.

¿Quién sabe esquiar?
Who knows how to ski?

¿Quiénes se quedaron en casa?
Who stayed home?

It also means "who," and is used in preference to **que** after **A** and **DE**.

El profesor **de quien** hablo.
The teacher about whom I am talking.

¿COMO?/ COMO

¿Cómo? is used for questions. **Como** means "like," "as."

¿Cómo estás?No es **como** aquel día.
How are you?It is not like that day.

5. EL PRETERITO

The preterite

This is the most frequently used of the past tenses in Spanish, particularly in Latin American countries. (See Unidad 13) Whereas the imperfect (see Unidad 9) is used for description, repeated and habitual actions in the past, **the preterite** is used to describe single, completed actions in the past.

Hoy **hablo** español.
Today I speak Spanish.

Siempre **hablaba** inglés.
I always used to speak English.

Ayer **hablé** español.
Yesterday I spoke Spanish.

Hoy **estudiamos** Unidad X.
Today we study/we are studying Unit X.

Antes no **estudiaba.**
Before I used not to study.

Ayer **estudié** Unidad X.
Yesterday I studied Unit X.

MIRAR	COMER	VIVIR
miré	comí	viví
miró	comió	vivió
miramos	comimos	vivimos
miraron	comieron	vivieron

To form the **preterite** of a regular **-ar** verb, add the endings **-é, -ó, -amos, -aron,** to the stem.

To form the **preterite** of a regular **-ER** or **-IR** verb, add the endings **-í, -ió, -imos, -ieron,** to the stem.

Note that the **nosotros, -tras** form of **-AR** and **-IR** verbs is identical to their respective Present Tense forms.

Trabajé en Roma.
I worked in Rome.

Acompañaron al Señor Martínez en diciembre.
They went with Mr Martínez in December.

Vivieron en París.
They lived in Paris.

Conoció al rey ayer.
He met the king yesterday.

¿**Volvió** a esquiar?
Did he ski again?

No **perdí** el impermeable sino el paraguas.
I did not lose my raincoat, but my umbrella*.

Nací en Lima en 1984.
I was born in Lima in 1984.

¿Dónde **nació** usted?
Where were you born?

Cenamos en el hotel anoche.
We ate at the hotel last night.

*Spanish often uses "the" where we would use "my."

Note that the **yo** form of the **preterite** of **llegar** is llegué, of **pagar**, pagué, of **buscar**, busqué of **comenzar**, comencé. This pattern applies to verbs ending in **-gar,-car,-zar.**
The spelling changes retain the sound of the infinitive.
pagar for example takes **u** between **g** and **e** to retain the sound.

The preterite is used for completed actions, so it is often accompanied by words indicating sequence or series.

primero: first
luego: then
entonces: then
después: after, afterward
unos años más tarde: some years later

Words indicating a new action may also accompany the preterite:

de golpe: suddenly
inmediatamente: immediately

You often find the imperfect and the preterite in the same sentence. The imperfect describes the on-going situation; the preterite describes the completed action.

Llovía cuando **llegaron.**
It was raining when they arrived.

Hacía sol pero **se levantó** el viento.
It was sunny but the wind rose.

Había nubes y por eso **volví** a casa.
It was cloudy and that's why I went home.

6. -ISIMO, -ISIMA

Adding this ending to the stem of an adjective changes its meaning to "very ____ ."

bueno buenísimo, -ma
grande grandísimo, -ma

7. VOCABULARIO

¿Qué tiempo hace?: What's the weather like?
Hace frío.: It's cold.
Hace mucho frío.: It's very cold.
Hace calor.: It's hot.
Hace mucho calor.: It's very hot.
Hace sol.: It's sunny.
Hace viento.: It's windy.
Hace buen tiempo.: The weather is good.
Hace mal tiempo.: The weather is bad.
llover (llueve): to rain
nevar (nieva): to snow
la nieve: snow
el viento: wind
el sol: sun
la luna: moon
el cielo: sky
la nube: cloud
la sierra: mountains
el campo: country, countryside
el fin de semana: weekend
ayer: yesterday
anteayer: the day before yesterday

anoche: last night
como: like
además: besides
¿no es verdad?: right?
¡hombre!: come on! you don't say!, well!
¿de veras?: really?
tan + adjective/adverb: so + adjective/adverb
por eso: that's why
la condición: condition
la familia: family, relatives
el campo: country
la playa: beach
el rey: king
el paraguas: umbrella
el impermeable: raincoat
el gusto: taste
el color: color
acordarse (ue): to remember
quedarse: to stay, remain
tener razón: to be right
esquiar: to ski
montar a caballo: to ride
perder (ie): to lose
desaparecer: to disappear
no me apetece: it does not appeal to me
¡Que lo pase bien!: have a good time!
bonito, -ta: attractive
azul: blue
buenísimo, -ma: very good
ideal: ideal
magnífico, -ca: magnificent
escrito, -ta: written
convencido, -da: convinced

8. EJERCICIOS

A. CONTESTAR SEGUN EL DIALOGO DE LA UNIDAD 10.

1. El Señor Martínez pregunta si David iba a pasar el fin de semana en el campo. ¿Por qué es una buena pregunta?

2. ¿David quería ir al campo?

3. ¿Qué tiempo hacía aquel día?

4. ¿El Señor Martínez también pensaba quedarse en la ciudad? ¿Qué quería hacer?

5. ¿Cómo eran las condiciones aquel fin de semana?

6. ¿Qué perdió el Señor Martínez?

7. ¿Qué tiempo hacía cuando los ingleses acompañaron al Señor Martínez?

8. ¿Qué hace el Señor Martínez si hace frío?

9. ¿Qué hace David si hace frío?

10. ¿Por qué no va David a la sierra?

B. CAMBIAR EL SUJETO DE LA FRASE.
Change the subject of the sentence.

Ejemplo:
Cenaron tarde. **yo**
Yo cené tarde.

1. Abrí la puerta. **ellos**
2. ¿Qué comió al mediodía? **nosotros**
3. Visité a Marta. **él**
4. ¿Se levantó a las ocho? **ustedes**
5. Volvió al hotel. **yo**
6. Perdimos el paraguas. **él**
7. Pagaron mil pesetas. **yo**
8. Nos quedamos aquí. **ella**
9. Buscamos el bar. **yo**
10. Hablé mucho. **usted**

C. *CAMBIAR AL PRETÉRITO EL VERBO INDICADO.*
Change the verb indicated to the preterite.

1. Mercedes compra un bolso.
2. Los italianos vuelven tarde.
3. ¿Viven en la sierra?
4. No salen nunca.
5. Desaparece el sol.
6. Llego al restaurante.
7. Miro la agenda.
8. Busco el paraguas.
9. No me acuerdo.
10. ¿Tomamos vino o café?
11. Comemos bastante.
12. Habla poco.
13. Viaja en avión.
14. Escriben una carta.
15. Preguntan a todos.

UNIDAD 11

COMPRARON TODO LO QUE HACIA FALTA

THEY BOUGHT ALL THEY NEEDED

Hoy Alberto y Anita van a comer en el campo con algunos amigos. Acaban de comprar vino y comida.
Today Alberto and Anita are going to eat in the country with some friends. They have just bought wine and food.

Anita **Alberto, ¿habló ayer con su amiga Lola? ¿Va a venir?**
Alberto, did you talk with your friend Lola yesterday? Is she going to come?

Alberto **Sí, la llamé anoche. Dijo que va a llegar a las diez con dos amigos.**
Yes I called her last night. She said she's going to arrive at 10:00 with two friends.

Anita **Vamos a ser* cinco. ¿Dijeron que van a traer algo?**
There are going to be five of us. Did they say they were going to bring something?

Alberto **Lola no pudo ir al supermercado pero fue a una tienda pequeña donde compró pastas, vino, plátanos, naranjas y bizcocho.**
Lola could not go to the supermarket, but she went to a small store where she bought cookies and wine, bananas, oranges and pound cake.

Anita **Hizo muy bien. Lo cierto es que en el campo vamos a tener ganas de comer.**
She did very well. We can be sure that we're really going to be hungry out in the country.

Alberto **¿Qué está preparando?**
What are you preparing?

Anita **Ahora mismo la ensalada. Anoche preparé el postre, saqué platos, tenedores, cuchillos, cucharas, servilletas y todo, e incluso el sacacorchos.**
Right now the salad. Last night I prepared the dessert, I took out plates, forks, knives, spoons, napkins and everything, and even the corkscrew.

Alberto **Sé muy bien cocinar, pero compré estos pollos asados. Fui a Udaco en Plaza Nueva. Abrieron temprano hoy.**
I know how to cook real well, but I bought these roast chickens. I went to Udaco in Plaza Nueva. They opened early to-day.

Anita **A ver. ¿Por qué los pusieron en tantas bolsas de plástico? El plástico es el enemigo del medioambiente.**
Let's see. Why did they put them in so many plastic bags? Plastic is the enemy of the environment.

Alberto **¡Vamos! Tanto hablar del medioambiente, de recipientes vidrio, de reciclaje, de gasolina sin plomo...**
Come on! so much talk about the environment, about glass collection points, about recycling, lead-free gas...

Anita **Antes la gente no sabía nada de eso. Luego las autoridades se dieron cuenta del peligro. Tuvimos que ahorrar energía, dijeron que era necesario.**
Before, people knew nothing about this. Then the authorities became aware of the problem. We had to save energy. They said it was necessary.

Alberto **Ya lo sé. ¿Está todo listo?**
Hm, I know. Is everything ready?

Anita **Todo menos el pan.**
Everything but the bread.

Alberto **Espere. Voy a la panadería de en frente.**
Wait. I'll go to the bakery across from here.

Anita **¡Qué amable es!**
How kind you are!

Alberto **Ahora mismo vuelvo. A ver si...**
I'll be right back. Let's see if..

Anita **No hable tanto. Si llegan los otros, nos vamos en seguida.**
Don't talk so much. If the others arrive, we'll be off at once.

*literally we are going to be five. Spanish says **somos cuatro,** "we are four" when English says "there are four of us," etc.

1. PRONUNCIACION

dijo (**dee**xo)
dijeron (dee**xe**ron)
traer (tra**er**)
pudo (**poo**do)
supermercado (soopermer**ka**do)
fue (fwe)
pastas (**pas**tas)
vino (**bee**no)
plátanos (**pla**tanos)
naranjas (na**ran**xas)
bizcocho (beeth**ko**cho)
hizo (**ee**tho)
tener ganas de (te**ner ga**nas de)
ensalada (ensa**la**da)
postre (**pos**tre)
saqué (sa**ke**)
plato (**pla**to)
tenedor (tene**dor**)
cuchillo (koo**chee**lyo)
cuchara (koo**cha**ra)
servilleta (serbee**lye**ta)
incluso (een**kloo**so)
sacacorchos (saka**kor**chos)
cocinar (kothee**nar**)
pollos asados (**po**lyos a**sa**dos)
fui (fwee)
abrieron (abree**e**ron)
Plaza Nueva (**pla**tha **nwe**ba)
en seguida (en se**gee**da)

2. PRETERITOS GRAVES o IRREGULARES

Irregular Preterites

In Unidad 10 you learned the form and use of the regular preterite tense. Some very common verbs have an irregular preterite.

NOTE:

1. Unlike the preterite tense of regular verbs, these preterites bear no written accent.
2. Once you know the **yo** form, the rest of the verb fits the same pattern.
3. **Ser** and **Ir** have the same form. This does not, however, cause problems. (Remember that **fui a** is "I went to", and that **estuve en** is "I was in."

Yo también **fui** estudiante. **Fueron** a Mérida.
I also was a student. They went to Mérida.

Tuvo que pagar. **Estuvieron** en el centro.
He had to pay. They were in the center.

Vine aquí en seguida. No **pudo** hacerlo.
I came here at once. He could not do it.

Pusimos el dinero allí. ¿**Hicieron** algo?
We put the money there. Did they do something?

No **dijeron** nada.
They said nothing.

3. LOS COLORES

The colors

rojo, -ja: red
colorado, -da: red
blanco, -ca: white
negro, -gra: black
amarillo, -lla: yellow
azul*: blue
verde*: green
gris*: gray
marrón*: brown
naranja:** orange
rosa:** pink

Like other adjectives, these agree with their noun in number and gender.
Llevaba una falda amarilla y zapatos verdes.
She was wearing a yellow skirt and green shoes.

* **azul, verde, gris** and **marrón** have no feminine form, but their plural (**azules** ,etc) is regular.

** **Naranja** and **rosa** are invariable, and only exist in this one form.

4. TU and VOSOTROS

In Spain **tú** is now being regularly used for "you" singular and **vosotros, -tras** for "you" plural. Previously these forms were avoided in Spain, except when on very familiar terms or when speaking to children. In Latin America you are still advised to avoid using them unless you know someone extremely well. To avoid your using these terms inappropriately you have not been taught them. If you feel you need to know them you are advised to learn them from verb tables.

Tú y yo vamos a la fiesta.
You and I are going to the party.

¿**Vosotros** no queréis venir?
You don't want to come?

These persons of the verb also have their own pronouns and possessive adjective.

Me levanto I get up	Te levantas You get up	Os levantáis You get up
Me invitan They invite me	Te invitan They invite you	Os invitan They invite you.
¿Es mi amigo? Is he my friend?	¿Es tu amigo? Is he your friend?	¿Es vuestro amigo? Is he your friend?

5. COMPLEMENTO INDIRECTO

Indirect Object

Juan **me** da las llaves. (a mí)
Juan **le** da las llaves. (a él/ella/usted)
Juan **nos** da las llaves. (a nosotros/tras)
Juan **les**da las llaves. (a ellos/ellas/ustedes)

Just like the direct object pronouns, these are placed before the verb except when they are attached to the end of an infinitive (**voy a darle la dirección**) or to the end of a present participle (**está explicándole el problema**).

As **le** and **les** can have more than one meaning, **a él, a ella, a usted, a ellos, a ellas, a ustedes** may be added after the verb if necessary to show which person is referred to.

When two object pronouns are used together, the indirect precedes the direct.

Me lo da.
He gives it to me. (literally: to me it he gives)

Nos los mandan.
They send them to us. (literally: to us them they send)

If both pronouns are third person (him, her, you, them), the indirect le or les becomes **se**.

Se lo da a él.
He gives it to him.

Se lo muestran a ella.
They show it to her.

When two pronouns are added to the infinitive, an accent is needed on the stressed vowel.

No quiero mand**á**rsela a ustedes.
I don't want to send it to you.

6. EL/LOS QUE, LA(S) QUE, EL CUAL/LOS CUALES, LA CUAL/LAS CUALES.

These mean the one(s) who/which, and are used for things after a preposition, or for both people and things when **que** or **quien** lead to confusion or ambiguity.

El hotel delante **del cual** hay una fuente.
The hotel in front of which there is a fountain.

La amiga de Anita **la cual** es de Mérida.
Anita's friend who is from Mérida.

LO QUE is used to convey a general or vague meaning, or to sum up the whole of the preceding clause.

Esto es todo **lo que** tengo.
This is all I have.

Quisiera saber **lo que** compró usted.
I should like to know what you bought.

El profesor va a explicar más gramática, **lo que** no me gusta.
The teacher is going to explain more grammar, which does not please me.

7. EL ACENTO

Although accents are normally used to indicate a departure from the normal stress pattern (e.g. también, comió, Martínez), they have two other uses, the first of which has alredy been mentioned.

1. On words used in direct questions and indirect questions.
   ¿Adónde vas? Where are you going?

   Preguntó adónde vas. He asked where you are going.

   Compare with this sentence where no accent is needed:

   La casa **donde** vive no es vieja.
   The house where he lives is not old.

2. To distinguish between words which are identical in every way, except for their meaning and function in the sentence.

si - if	sí - yes
el - the	él - the
mi - my	mí - me (as in **para mí**)
se - himself, herself	sé - I know
mas - but	más - more
solo,-la - alone	sólo - only
tu - your	tú - you

8. VOCABULARIO

traer: to bring
tener ganas (de): to want to
sacar: to take out
sacar fotos: to take photos
preparar: to prepare
cocinar: to cook
mostrar: to show
criticar: to criticise
el supermercado: supermarket
la pasta: cookie

el plátano: banana
la naranja: orange
el bizcocho: pound cake
la ensalada: salad
el postre: dessert
el tenedor: fork
el cuchillo: knife
la cuchara: spoon
la servilleta: napkin
el sacacorchos: corkscrew
el pollo: chicken
el enemigo: enemy
el plástico: plastic
el medioambiente: environment
la gasolina: gas
el plomo: lead
el reciclaje: recycling
el vidrio: glass (substance)
el recipiente: receptacle
la autoridad: authority
el peligro: danger
la fuente: fountain
el pan: bread
la panadería: bakery
enfrente (de): opposite
delante (de): in front of
detrás (de): behind
sin: without
temprano: early
tanto, -ta: so much, so many
adecuado, -da: adequate
cierto, -ta: sure, certain
asado, -da: roast
amable: kind
difícil: difficult
fácil: easy
rojo, -ja: red
colorado, -da: red
blanco, -ca: white
amarillo, -illa: yellow
negro, -gra: black
azul: blue
verde: green

gris: gray
marrón: brown
rosa: pink
naranja: orange
tú: you (sing.,inf.)
vosotros, -tras: you (pl., inf.)
tu: your (sing., inf.)
vuestro, -tra: your (pl., inf.)
te: you (object pronoun sing., inf.), yourself (reflexive pronoun sing., inf.)
os: you (object pronoun pl., inf.), yourself (reflexive pronoun pl., inf.)

9. EJERCICIOS

A. CONTESTAR SEGUN EL DIALOGO DE LA UNIDAD 11.

1.¿Dónde van a comer Anita y Alberto y con quiénes?

2.¿Quién habló con Lola ayer?

3.¿Cuándo la llamó por teléfono?

4.¿Cuántos van a ser?

5.¿Dijo Lola que iban a traer algo? ¿Qué?

6.¿Dónde compró Lola todo eso?

7.¿Qué van a querer hacer en el campo?

8.¿Qué hizo Anita anoche?

9.¿Alberto dijo que sabía cocinar?

10.¿Cuál es la opinión de Anita sobre bolsas de plástico?

11.Alberto critica a Anita. ¿Por qué?

12.¿Qué dijeron las autoridades?

13.¿Está todo preparado?

14.¿Adónde va Alberto para comprar pan?

15.¿Cuáles son las palabras exactas de Alberto al salir?

B. CAMBIAR EL SUJETO DE ESTAS FRASES AL SUJETO INDICADO.

Ejemplo:
¿Qué hizo usted en Plaza Nueva? **ellos**
¿Qué **hicieron ellos** en Plaza Nueva?

1. Le di mil pesos. **él**
2. Fué él que me invitó.**ellos**
3. Tuvo que salir.**yo**
4. No pude decir nada. **ella**
5. Pagaron demasiado.**yo**
6. No hicimos nada. **él**
7. Buscó el dinero. **yo**
8. ¿Se dió cuenta? **ellos**
9. Fui a visitarla. **nosotros**
10. No vine. **usted**
11. Estuvieron allí. **ella**
12. Supieron todo. **yo**

C. ESCOGER LA PALABRA MAS ADECUADA.

Ejemplo:
¿Qué hizo usted en Plaza Nueva? **ellos**
¿Qué **hicieron ellos** en Plaza Nueva?

1. Le di mil pesos. **él**
2. Fué él que me invitó. **ellos**
3. Tuvo que salir. **yo**
4. No pude decir nada. **ella**
5. Pagaron demasiado. **yo**
6. Esta unidad es _____ difícil. (más, mas)

UNIDAD 12

REPASO DE UNIDADES VII-XI

REVIEW OF UNITS 7-11

1. VOLVER A LEER EN VOZ ALTA LOS DIALOGOS 7-11

Diálogo 7 ¿QUÉ QUIEREN TOMAR?

Alberto ¡Oiga! ¡CHSSS!
El Mozo Buenos días. ¿Qué quieren tomar?
Alberto Buenos días. Para mí, café con leche, unas tostadas y un bollo por favor, con mermelada y mantequilla.
El Mozo ¿Y para usted, señorita?
Anita Para mí, té con limón. Me gusta el té. Y una magdalena también.
Alberto ¿Qué piensa hacer hoy, Anita?
Anita Pues, nada especial. Voy a pasear. Me gusta pasear.
Alberto ¿Algo más?
Anita También me encantan los monumentos históricos. Tal vez voy a la catedral o a algún museo, o al río. No quiero tomar una siesta. Me interesan mucho las ciudades antiguas como Sevilla.
Alberto ¿Una siesta? Yo tampoco.
Anita ¿Qué va a hacer entonces? ¿Ir a tomar vino y tapas?
Alberto No lo sé. ¿Por qué no vamos al cine? Hay una película nueva. ¿Vamos...? ¿De acuerdo?

Anita	Está bien. Pero quiero ver la ciudad también. ¿A qué hora quiere ir al cine?
Alberto	La sesión de tarde, a las siete, está bien pero si prefiere la sesión de noche a las diez, entonces vamos a las diez.
Anita	Y mientras tanto podemos visitar algunos museos e ir de paseo.

(Media hora después.)

Alberto	¡Mozo! ¡Chsss! La cuenta por favor.
El Mozo	¿Sí, señor? ¿Algo más?
Alberto	Nada más gracias. ¿Cuánto le debo?
El Mozo	Son ochocientas noventa pesetas.
Alberto	Aquí tiene.

Diálogo 8 ¿TIENE UNA HABITACION DOBLE?

Recepcionista	Hola, buenas tardes. ¿Qué desea?
Señor Martínez	Buenas tardes. Tengo una reserva para esta noche.
Recepcionista	¿Su nombre por favor?
Señor Martínez	Soy Pablo Martínez.
Recepcionista	Bueno.. vale... Aquí está. Una reserva para una persona.
Señor Martínez	Pues sí. Para una noche. Me voy mañana por la mañana.
Recepcionista	¿Quiere rellenar esta ficha? ¿Tiene equipaje? Puede dar sus maletas al botones.
Señor Martínez	¿Tiene bolígrafo por favor? ¿Equipaje? No llevo nada, sólo esta maleta pequeña.
	(Pausa) Aquí tiene la ficha y el bolígrafo.
Recepcionista	Gracias. ¿Habitación individual?
Señor Martínez	No. Doble por favor, y con vista al mar.
Recepcionista	Aquí tiene una habitación tranquila con baño completo.
Señor Martínez	¿En qué piso está?
Recepcionista	En el tercer piso. Puede tomar el ascensor.
Señor Martínez	¿Hay teléfono en la habitación?
Recepcionista	¡Claro que sí! Aquí tiene la llave. No ... momentito. Es la veintiséis y usted quiere la treinta y seis.

Señor Martínez ¿Y el comedor? ¿Hasta qué hora sirven la cena y el desayuno?

Recepcionista Está por allí en la planta baja ... La cena, la sirven hasta las once, y el desayuno de ocho a once.

Señor Martínez Gracias, señorita.

Recepcionista No hay de qué. Adiós, hasta luego Señor Martínez.

Diálogo 9 ¿QUÉ QUERIA?

David Quisiera comprar un sello para una tarjeta postal.

Empleada ¿Para dónde?

David Para el Reino Unido.

Empleada Son doscientos diez pesos. ¿Algo más?

David También quería mandar dos cartas. Esta es para los Estados Unidos y ésta para este país.

Empleada Hace falta pesar las dos.

David Pensaba que hay una sola tarifa dentro del país.

Empleada No es verdad.

La empleada toma las cartas, las pone en una pequeña balanza y luego da a David los sellos que hacen falta.

Empleada Aquí tiene. Este es para este país, ése es para los Estados Unidos.

David También quisiera mandar este paquete a Nueva York. No sabía si hacía falta mandarlo por avión. ¿Va a tardar mucho en llegar? ¿Qué piensa?

Empleada Según. A veces sí, a veces no. Tal vez ocho días más o menos.

David Tiene que llegar antes de Semana Santa, por lo tanto lo voy a mandar por avión.

Empleada Con las fiestas tarda más, claro.

(Pausa) Va a ser un poquito caro. Lo siento.

David Sabía que iba a costar bastante.

Empleada Son mil quinientos pesos en total.

David Espere... Aquí tiene dos mil. No tengo suelto.

Empleada ¡Vale! Dos mil... Y aquí quinientos. Y tiene que rellenar una ficha.

David De acuerdo. No lo sabía.

(Pausa) ¿Qué hace falta escribir aquí? ¿Valor del contenido? ¿Dirección? No vivo aquí.

Empleada	Tiene que poner algo. ¿El nombre de su hotel?
David	Gracias, Señorita.
Empleada:	A usted. ¡Chao!

Diálogo 10 ¿QUE TIEMPO HACE?

Señor Martínez	Bueno, pues, David ¿va a pasar el fin de semana en el campo? Tiene familia allí, ¿no es verdad?
David	No. Me quedo aquí en la ciudad. Me gusta mucho estar aquí.
Señor Martínez	¡Pero ... hombre! El campo es tan bonito en abril. Hace buen tiempo.
David	Por eso prefiero estar aquí. Mire el cielo azul. Mírelo. No hace calor, no hace frío tampoco. Hace sol. No llueve. Hace un tiempo buenísimo.
Señor Martínez	Tiene razón. No hace viento tampoco. Hay nubes pero no muchas.
David	¿Y usted no piensa quedarse?
Señor Martínez	¡Qué va! Me voy. Voy a la sierra. Me gusta montar a caballo. Creo que las condiciones son ideales este fin de semana.
David	¿De veras?
Señor Martínez	Va a hacer sol. Allí no nieva. Allí hizo buen tiempo el día que perdí el paraguas y el impermeable y que llovió tanto aquí.
David	Sí. Me acuerdo.
Señor Martínez	Va a hacer un tiempo magnífico, no como aquel día el año pasado cuando nos acompañaron nuestros amigos ingleses que no sabían montar a caballo. Y usted nos acompañó también ¿no?
David	¡Claro! Fue diciembre ¿verdad? Desapareció el sol. Llovió. Se levantó el viento. No me gustó en absoluto.
Señor Martínez	Si hace frío, se pone otro suéter, y ya está.
David	Si hace frío me quedo aquí. Si hace calor me quedo aquí. Si tengo vacaciones me voy ... a la playa, tal vez ... pero un fin de semana en la sierra no me apetece.
Señor Martínez	¡Basta! “De gustos y colores no hay nada escrito”. Veo que no está convencido.¡Hasta otro día!
David	Hasta otro día, Señor Martínez. ¡Que lo pase bien!

Diálogo 11 *COMPRARON TODO LO QUE HACIA FALTA*

Anita	Alberto, ¿habló ayer con su amiga Lola? ¿Va a venir?
Alberto	Sí, la llamé anoche. Dijo que va a llegar a las diez con dos amigos.
Anita	Vamos a ser cinco. ¿Dijeron que van a traer algo?
Alberto	Lola no pudo ir al supermercado pero fue a una tienda pequeña donde compró pastas, vino, plátanos, naranjas y bizcocho.
Anita	Hizo muy bien. Lo cierto es que en el campo vamos a tener ganas de comer.
Alberto	¿Qué está preparando?
Anita	Ahora mismo la ensalada. Anoche preparé el postre, saqué platos, tenedores, cuchillos, cucharas, servilletas y todo, e incluso el sacacorchos.
Alberto	Sé muy bien cocinar, pero compré estos pollos asados. Fui a Udaco en Plaza Nueva. Abrieron temprano hoy.
Anita	A ver. ¿Por qué los pusieron en tantas bolsas de plástico? El plástico es el enemigo del medioambiente.
Alberto	¡Vamos! Tanto hablar del medioambiente, de recipientes vidrio, de reciclaje, de gasolina sin plomo...
Anita	Antes la gente no sabía nada de eso. Luego las autoridades se dieron cuenta del peligro. Tuvimos que ahorrar energía, dijeron que era necesario.
Alberto	Ya lo sé. ¿Está todo listo?
Anita	Todo menos el pan.
Alberto	Espere. Voy a la panadería de en frente.
Anita	¡Qué amable es!
Alberto	Ahora mismo vuelvo. A ver si...vamos en seguida.

2. EJERCICIOS

A. ESCOGER EL ARTICULO APROPIADO: EL, LA, LOS, LAS.

Ejemplos: el té
la plaza
los hombres
las pastas

1. __ unidad
2. __ pollo
3. __ esquí
4. __ sierra
5. __ sacacorchos
6. __ estampilla
7. __ día
8. __ tarde
9. __ noche
10. __ llaves
11. __ paraguas
12. __ mes
13. __ naranjas
14. __ postre
15. __ fotos
16. __ ensalada
17. __ tenedores
18. __ energía
19. __ medioambiente
20. __ fuente
21. __ agua
22. __ fin de semana
23. __ mano
24. __ personas

25. __ zapatos

26. __ ascensor

27. __ comedor

28. __ preguntas

29. __ voz

30. __ periódicos

31. __ secretarias

32. __ mujer

33. __ ordenadores

34. __ televisor

35. __ almuerzo

36. __ fichas

37. __ bolígrafos

38. __ pueblos

39. __ dinero

40. __ tostadas

B. CAMBIAR LOS VERBOS AL PRESENTE.

Ejemplo: Llegué al mediodía.
Llego al mediodía.

1. Sacaron muchas fotos.
2. Hablé con la secretaria.
3. Desayunamos allí.
4. Pagué demasiado.
5. Salieron a las cinco.
6. Bebí leche.
7. Escuchó la radio.
8. Miramos el programa.
9. Compraron pan.
10. No hicieron nada.

11. Dijo algo.
12. Pusieron otra película.
13. ¿Pudo venir?
14. Dimos mucho.
15. Dijimos la verdad.
16. Supe todo.
17. Conoció a Marta.
18. Busqué el hotel.
19. Mandé la carta.
20. Fuimos allí.
21. Estuvo en Londres.
22. Fue profesor.
23. Llamó por teléfono.
24. Contesté siempre.
25. Empezó tarde.

C. CONTESTAR EN EL FUTURO INMEDIATO.

Ejemplo: ¿Estudió mucho?
No. Va a estudiar mucho.

1. ¿Compraron pan?
2. ¿Eduardo volvió?
3. ¿Llegaron las cartas?
4. ¿Fueron ustedes a Argentina?
5. ¿Pudo pagar?
6. ¿Los estudiantes hicieron algo?
7. ¿Comieron ellos allí?
8. ¿Ustedes pudieron tomar un taxi?

D. ESCOGER EL TIEMPO MAS ADECUADO.

Ejemplo: Siempre________a la playa. (fuimos /íbamos)
Siempre íbamos a la playa.

1. __________en el restaurante todos los días. (comimos/comíamos)
2. ___________a las ocho aquel día. (llegué/llegaba)
3. Pablo ___________"Adiós" en seguida. (dijo/decía)
4. Luego _______ a Correos. (fue/iba)
5. Al ver a su amigo ________inmediatamente para la sierra. (salió/salía)

UNIDAD 13

¿DONDE ESTA POR FAVOR?

WHERE IS IT, PLEASE?

Un turista en Santiago **Perdone, señor... Quisiera ir al museo. ¿Dónde está por favor?**
Excuse me, sir. I'd like to go to the museum. Where is it, please?

Policía **¿El museo?**
The museum?

Turista **Lo he buscado por todas partes pero no lo he encontrado.**
I've looked for it everywhere, but I have not found it.

Policía **Pues sí, ahora me acuerdo. ¿Usted ha subido por allí verdad? Bueno, ha pasado muy cerca. Está más cerca que el Hotel Carmona.**
Well yes, I remember now. You've come up there, right? Well you've passed very close. It's closer than the Hotel Carmona.

Turista **¡Qué tontería!**
How crazy!

Policía **Tiene que bajar esta calle hasta la fuente y doblar a la derecha. Después del semáforo va a pasar delante del hospital, y tomar la primera a la izquierda. Usted sigue todo recto y allí al fondo está en frente a unos 50 metros. Está muy cerquita*.**

You have to go down this street as far as the fountain and turn to the right. After the lights you are going to pass in front of the hospital, and take the first left and carry on straight ahead and there it is 50 yards in front of you. It's real close.

Turista **Pero he pasado por allí, sin verlo.**
But I have gone past, without seeing it.

Policía **Eso dicen muchos. Está a cinco minutos a pie.**
A lot of people say that. It's five minutes on foot.

Turista **¿Y para ir después al Jardín Botánico?**
And to get to the Botanic Gardens afterward?

Policía **Eso sí es más complicado.**
That is more complicated.

Turista **¿Tengo que ir en taxi?**
Do I have to take a cab?

Policía **No. Puede ir a pie. No es que esté tan lejos, sino que es menos fácil de encontrar.**
No. You can go on foot. It's not that it's a long way away, but it's less easy to find.

Turista **Jamás he visitado el Jardín Botánico y tengo muchas ganas de ir.**
I've never visited the Botanic Gardens and I'm very eager to go.

Policía **Vamos a ver. Al salir del museo debe tomar la tercera a la derecha hacia el centro, seguir hacia abajo hasta el cruce. Cruzar y luego tomar la segunda a la derecha entre el cine y el bar, y después de pasar el puente va a ver un parque detrás del colegio. Este es el Jardín Botánico.**
Let's see. On leaving the museum, you must take the third on the right toward the center, and carry on down to the intersection. Cross over and then take the second right between the movie house and the bar, and after crossing the bridge you'll see a park behind the school. That is the Botanic Gardens.

Turista **¡Perfecto! Pero todavía no he sacado las entradas.**
Great! But I have not bought the tickets yet.

Policía **Eso se puede hacer allí mismo. Lo único es que hay que hacer cola.**
That can be done right there. The only thing is you have to stand in line.

Turista **Muchas gracias señor. Adiós.**
Thank you very much. Goodbye.

Policía **Adiós. De nada.**
Goodbye. You're welcome.

*The diminutive endings **-ito, -ita,** and **-illo, -illa** do not necessarily refer to size, but indicate an attitude on the part of the speaker, showing affection in the case of the above diminutive endings.

PRONUNCIACION

Santiago (santee**a**go)
perdone (per**do**ne)
quisiera (kee**sye**ra)
buscado (boos**ka**do)
por todas partes (por **to**das **par**tes)
encontrado (enkon**tra**do)
me acuerdo (me **akwer**do)
subido (soo**bee**do)
por allí (por al**yee**)
pasado (pa**sa**do)
tontería (tonte**ree**a)
bajar (ba**xar**)
fuente (**fwen**te)
doblar (do**blar**)
derecha (de**re**cha)
semáforo (se**ma**foro)
delante (de**lan**te)
hospital (ospee**tal**)
recto (**rek**to)
al fondo (al **fon**do)
en frente (en **fren**te)
cerquita (ther**kee**ta)
sin (seen)
a pie (a pye)
después (des**pwes**)
complicado (komplee**ka**do)
para abajo (**pa**ra a**ba**xo)
el cruce (el **kroo**the)
cruzar (kroo**thar**)
el Jardín Botánico (el xar**deen** bota**nee**ko)
lejos (**le**xos)
entre (**en**tre)

todavía (toda**bee**a)
sacado (sa**ka**do)
entradas (en**tra**das)
único (**oo**neeko)
cola (**ko**la)

2. EL PERFECTO, VERBOS REGULARES

The Perfect, regular verbs

The perfect tense is formed for all verbs by the Present of the verb, **haber**, and the past participle. The past participle of **-AR** verbs is formed by adding **-ADO** to the stem, (e.g. **hablar, hablado**) and of **-ER**, and **-IR** verbs by adding **-IDO** to the stem (e.g. **comer, comido; venir, venido**).

The <u>Perfecto</u> is used in much the same way as the Perfect in English. If a date or time in the past is mentioned, the Simple Past is used, and not the Perfect.

¿Ha visitado la ciudad antigua?
Have you visited the old city?

La he visitado.
I have visited it.

La visité en 1992/esta mañana/ayer.
I visited it in 1992/this morning/yesterday.

The past participle and auxiliary verb are never separated. The negative **no** is placed before the whole verb and the **me, se** of reflexive forms precede the auxiliary. The past participle, unlike French, never agrees.

he hablado	I have spoken
ha hablado	he/she/you have spoken
hemos hablado	we have spoken
han hablado	they/you have spoken

Yo he comido todo.
I've eaten everything.

El no ha comido nada.
He's not eaten anything.

No se ha levantado.
He's not got up.

No han llegado.
They have not arrived.

¿Ustedes han cruzado la calle allí?
Have you crossed the street there?

No hemos encontrado el hospital.
We haven't found the hospital.

No ha sido posible visitar la ciudad antigua.
It's not been possible to visit the old city.

3. PARTICIPIOS PASADOS IRREGULARES

IRREGULAR PAST PARTICIPLES

Some past participles differ from the regular pattern of:

-AR -ado, -ER -ido, -IR -ido

The irregular past participle may often resemble a noun formed from the same root: e.g. VER visto as in la vista sight (hasta la vista).

hecho	**hacer**	(to make, do)
dicho	**decir**	(to say)
vuelto	**volver**	(to return)
visto	**ver**	(to see)
puesto	**poner**	(to put)
cubierto	**cubrir**	(to cover)
descubierto	**descubrir**	(to discover)
abierto	**abrir**	(to open)
escrito	**escribir**	(to write)
muerto	**morir**	(to die)
roto	**romper**	(to break)
frito	**freír**	(to fry)

¿Ha visto usted el Jardín Botánico?
Have you seen the Botanic Gardens?

No hemos visto la fuente, ni el museo tampoco.
We haven't seen the fountain or the museum either.

He escrito las postales pero no he puesto la dirección.
I've written the postcards but I haven't put in the address.

Elena no ha vuelto.
Helen has not returned.

4. PREPOSICIONES

In this unit you have met a number of new prepositions. Remember that they are only followed by **de** if you are relating the position of one object to that of another.

Está lejos.
It's a long way off.

Está lejos del hospital.
It's a long way from the hospital.

Correos está enfrente.
The Post Office is opposite.

Correos está en frente de la fuente.
The Post Office is opposite the fountain.

5. LOS PUNTOS CARDINALES

Points of the compass

The main points are:

el norte	north
el sur	south
el este	east
el oeste	west

Between these are:

el nordeste	northeast
el noroeste	northwest
el sudeste	southeast
el suroeste	southwest

6. LA COMPARACION

Comparison

The comparative is formed by placing **más ... que** (more ... than) or **menos ... que** (less ... than) around the adjective.

El ayuntamiento es más antiguo que el castillo.
The town hall is older than the castle.

Esta ciudad es menos interesante que la otra.
This city is less interesting than the other one.

El parque es más grande que la plaza.
The park is bigger than the square.

El hotel nuevo es menos feo que el cine.
The new hotel is less ugly than the movie house.

The **superlative** is formed in the same manner, using the appropriate article.

Comparative: **Esta calle es más ancha.**
This street is wider.

Superlative: **Esta calle es la más ancha.**
This is the widest street.

Note that "in" after a superlative is translated by **de**.

Esta calle es la más estrecha de la ciudad.
This street is the narrowest in the city.

Ha sido el día más interesante de mi vida.
It has been the most interesting day in my life.

Es el edificio más moderno de la región
It is the most modern building in the region.

8. COMPARATIVOS Y SUPERLATIVOS IRREGULARES

Irregular Comparatives and Superlatives

bueno good	**mejor** better	**el/la mejor** the best
malo bad	**peor** worse	**el/la peor** the worst
grande big	**mayor** bigger	**el/la mayor** the biggest
pequeño small	**menor** smaller	**el/la menor** the smallest

Note:

1. There are no feminine forms for these.

2. **Mayor, menor** are not always used. **Más grande** and **más pequeño** are commonly used for shoe sizes and **mayor** and **menor** have the meaning of *older* and *younger*.

mi hermano menor - my younger brother

su hermana mayor - his/her older sister

Mayo es el mejor mes del año. - May is the best month of the year.

Es la peor tienda de la ciudad. - It's the worst store in the city.

Son los mejores coches del mundo. - They are the best cars in the world.

Son las peores sillas del hotel. They are the worst chairs in the hotel.

8. VOCABULARIO

perdone: excuse me
quisiera: I should like
por todas partes: everywhere
acordarse: to remember
subir: to go up, come up, take up
bajar: to go down, take down
encontrar: to find
doblar: to turn
hacer cola: to stand in line
cruzar: to cross over
ir a pie: to go on foot
¡qué tontería!: how crazy! (lit. what a crazy thing!)
la fuente: fountain
el puente: bridge
el semáforo: stoplight
el parque: park
el hospital: hospital
el colegio: school
el cruce: intersection, crossroads
el Jardín Botánico: Botanic Gardens
(a) la izquierda (de): (to) the left
(a) la derecha (de): (to) the right

delante (de): in front (of)
detrás (de): in back of, behind
todo recto: straight ahead
enfrente (de): opposite
después: afterward
a x metros: x meters away
lejos (de): far away (from)
cerca (de): near, close
al fondo (de): at the end (of)
cerquita: cerca + diminutive
abajo: down
arriba: up
entre: between
perfecto, -ta: perfect; great
único, -ca: sole, only
ancho, -cha: wide
complicado, -da: complicated
la entrada: way in; ticket for show
sacar las entradas: to buy the tickets
la tienda: store
el ayuntamiento: Town Hall
el castillo: castle
la plaza: square
el edificio: building
el norte: north
el sur: south
el este: east
el oeste: west
el nordeste: northeast
el noroeste: northwest
el sudeste: southeast
el suroeste: southwest
el perfecto: perfect tense
la comparación: comparison
no ... todavía: not ... yet
allí mismo: right there
hacia: toward
sin: without
el hermano: brother
la hermana: sister

9. EJERCICIOS

A. CONTESTAR SEGUN EL DIALOGO DE LA UNIDAD 13.

1. ¿Qué quería saber el turista?
2. ¿El policía sabe dónde está?
3. ¿Dónde está el museo en relación con el Hotel Carmona?
4. Para llegar al museo, ¿qué tiene que hacer después de llegar a la fuente?
5. ¿Está allí mismo?
6. ¿Tiene que ir en taxi al Jardín Botánico?
7. ¿Dónde está el parque?
8. ¿Ya tiene las entradas el turista?
9. Para sacar las entradas allí mismo, ¿qué hay que hacer?

B. COMPLETAR ESTAS FRASES CON LOS VERBOS INDICADOS, EN EL PERFECTO.

Modelos: Hoy Marta ha tenido mucho trabajo. (tener)
Siempre hemos querido ir allí. (querer)

1. ¿No ________ usted en avión? (viajar)
2. Ellos ________ varias cartas. (recibir)
3. Mi hermano no ________ nada. (pagar)
4. Nosotros no ________ a Lima. (volver)
5. Yo ________ todo. (descubrir)
6. Su amiga no ________ venir. (poder)
7. ¿Por qué ________ las ventanas ustedes? (abrir)
8. El ________ muchas tonterías. (decir)
9. Los turistas ________mucho para el país. (hacer)
10. ¿No ________ tú nada? (ver)
11. ¡Qué horror! Me ________ la pierna. (romper)
12. ¿No ________ellos el coche en el garaje? (poner)
13. Tú y yo ________ mucho hoy. (hacer)
14. ¿Ya ________ a recoger a los niños? (volver)
15. ¿No ve que no ________ nada? (pasar)

C. TRADUCIR AL ESPAÑOL LAS PALABRAS INDICADAS.

Ejemplo: El bar: está **detrás** del comedor. (in back of)

1. El hotel está ______ el teatro. (opposite)
2. La plaza está ________ el hospital. (near)
3. _________ el bar y el semáforo hay un teléfono. (between)
4. Todo recto y Correos está __________ . (on the right)
5. No ________ de la plaza hay un colegio. (far)
6. __________ el parque hay una parada de autobús. (in front of)
7. El hotel está ________. (ten minutes away on foot)
8. La ciudad antigua está __________ . (2 kms from here)
9. ____________ el cine hay una calle estrecha. (behind)
10. ____________ el cruce, tomar la primera a la izquierda. (after)

D. TRADUCIR AL ESPAÑOL

1. The castle is older than the Town Hall.
2. It's the most interesting city in the whole region.
3. The hospital is the biggest building in the city.
4. He's my older brother.
5. They are the best cars in the world.

UNIDAD 14

¿QUÉ TAL LA FAMILIA?

HOW'S THE FAMILY?

Esta tarde David y Anita han ido a casa de los Martínez. Ahora los cuatro están sentados en la sala de estar de los Martínez. Laura Martínez está sirviendo café.
This evening David and Anita have gone to the Martínez's house. The four are now sitting in the Martínez's living room. Laura Martínez is serving coffee.

Señora Martínez **¿Más café, Anita?**
More coffee, Anita?

Anita **Pues sí, gracias, solo y sin azúcar.**
Well, yes, thanks, black and without sugar.

Señora Martínez **¿Y usted, David? ¿Le sirvo otro poco?**
And you, David? Shall I serve you a little more?

David **Para mí no, gracias. No me gusta tanto el café.**
Not for me, thanks. I don't like coffee that much.

Señora Martínez **Usted es como mi marido. No le gusta el café ... ni el té tampoco.**
You are like my husband. He does not like coffee ... nor tea.

Señor Martínez **Es verdad .... prefiero el vino.**
That's true .... I prefer wine.

Señora Martínez **Desgraciadamente el vino no es muy bueno para la salud.**
Unfortunately wine is not very good for one's health.

Señor Martínez **El café y el té contienen cafeína. El vino no la tiene.**
Coffee and tea contain caffeine. Wine does not have any.

Señora Martínez **¿Y el café descafeinado?**
What about decaffeinated coffee?

Señor Martínez **Basta de tonterías. Anita, ha estado en España. ¿Qué tal mi familia?**
That's enough nonsense. Anita, you've been in Spain. How is my family?

Anita **Bueno, pasé prácticamente todo el tiempo en Sevilla, donde conocí a su primo Alberto, cuyos amigos también eran muy simpáticos.**
Well, I spent practically all the time in Seville, where I met your cousin Alberto, whose friends were also very friendly.

Señora Martínez **¿Antes de irse no había dicho que iba a visitar Madrid?**
Before leaving, had you not said you were going to visit Madrid?

Anita **Claro, después de visitar Sevilla, fui allí, y los padres de Pablo me invitaron a cenar.**
Of course, after visiting Seville I went there, and Pablo's parents asked me to dinner.

Señor Martínez **Nos han escrito. Nos han contado que estuvo allí, y que sacó muchas fotos.**
They have written to us. They have told us that you went (literally: were) there and that you took a lot of photographs.

Anita **Por supuesto.**
Of course.

Señor Martínez **¿Ha traído las fotos hoy?**
Have you brought the photographs today?

Anita **A ver ... pensaba que las había puesto en el bolso ... Aquí están.**
Let's see... I thought I'd put them in my purse... Here they are.

Señora Martínez **¿Nadie quiere más café? ¿Verdad que no?**
Nobody wants more coffee? Quite sure?

David **¡Qué hermoso es esto! ¿Es Sevilla?**
How beautiful this is! Is it Seville?

Señor Martínez **David, ¿no conoce el refrán, "Quien no ha visto Sevilla, no ha visto maravilla"?**
David, don't you know the saying, "He who's not been to Seville, has not seen a wonder"?

David **¡Qué interesante! Antes de la Expo 92 no había oído hablar de Sevilla.**
How interesting! Before Expo 92 I hadn't heard mention of Seville.

Anita **Y aquí, unas fotos de su familia, aunque francamente no son muy buenas. No sé si les gusta mirar tantas fotos.**
And here, some photographs of your family, although frankly, they are not very good. I don't know whether you like looking at so many photographs.

Señor Martínez **¡Qué vieja está mi hermana! ¡Y sus hijos ...!**
How old my sister is! And her children!

Señora Martínez **¡Qué cosa, no! David, éstas dos señoritas que ve aquí... ¡qué guapas son! Son las dos niñas de cinco y ocho años que están allí en aquel cuadro ... que es de hace doce años.**
How amazing! (literally: What a thing!) David, these two young ladies whom you see here ... how attractive they are!... are the two girls aged five and eight who are there in that picture ... it's from twelve years ago.

Anita **Y aquí ... los padres y los tíos de Pablo.**
And here, Pablo's parents and uncle and aunt.

Señor Martínez **Mis padres, o sea los abuelos de las dos niñas.**
My parents, that's to say, the two girls' grandparents.

Anita **No hay que olvidar a su sobrino, ...y ésta será su novia.**
You must not forget your nephew, and this will be his girlfriend.

Señor Martínez **¡No me diga! ¿Tiene novia?**
Don't tell me! Has he a girlfriend?

Anita **Desde luego. Y piensan casarse. Están buscando un apartamento y todo.**
Of course. And they're thinking about getting married. They are looking for an apartment and everything.

Señora Martínez **Y aquí, ¿qué están haciendo?**
And here, what are they doing?

Anita **No me acuerdo exactamente.**
I can't remember exactly.

David **¿No están leyendo el periódico? El está mirando el anuncio y ella está explicando algo.**
Aren't they reading the newspaper? He is looking at the advertisement, and she is explaining something.

Anita **Y la casa de su hermano. ¿No ve qué bonita es?**
And your brother's house. Can't you see how lovely it is?

Señor Martínez **El comedor ... ésa es la cocina ... el cuarto de estar... uno de los dormitorios, la escalera.**
The dining room, and that's the kitchen ...the living room ... one of the bedrooms, the stairs.

Anita **Y finalmente el jardín ... un garaje inmenso.**
And finally the garden ... an enormous garage.

Señor Martínez **Y flores por todas partes.**
And flowers everywhere.

Señora Martínez **Le había dicho que quería ver unas fotos ... pero realmente ha sido magnífico. Oiga, pues muchas gracias.**
I had told you I wanted to see some photographs ... but really it's been wonderful. Hey, thanks a lot.

1. PRONUNCIACION

están sentados (es**tan** sen**ta**dos)
cuarto de estar (**kwar**to de es**tar**)
prefiero (pre**fye**ro)
desgraciadamente (desgrathyada**men**te)
salud (sa**lood**)
contienen cafeína (kon**tye**nen kafe**i**na)
descafeinado (deskafei**na**do)
basta de tonterías (**bas**ta de tonte**ree**as)
prácticamente (**prak**teekamente)
el primo (el **pree**mo)
cuyos amigos (**koo**yoos a**mee**gos)
simpático (seem**pa**teeko)
por supuesto (por soo**pwes**to)
no ha traído (no a tra**ee**do)
había puesto (a**bee**a **pwes**to)
hermosa (er**mo**sa)
refrán (re**fran**)
maravilla (mara**beel**ya)
no había oído hablar (no a**bee**a o**ee**do a**blar**)
francamente (franka**men**te)
hermana (er**ma**na)
hijos (**ee**xos)
guapas (**gwa**pas)
cuadro (**kwa**dro)
tíos (**tee**os)
olvidar (olbee**dar**)
sobrino (so**bree**no)
novia (**no**bya)
no me diga (no me **dee**ga)
no me acuerdo (no me a**kwer**do)
exactamente (eksakta**men**te)
periódico (pere**o**deeko)
anuncio (a**noon**thyo)
está explicando (es**ta** ekspleek**an**do)
bonita (bo**nee**ta)
cocina (ko**thee**na)
dormitorio (dormee**to**ryo)
escalera (eska**le**ra)
jardín (xar**deen**)
garaje (ga**ra**xe)

inmenso (een**menso**)
flor (flor)
por todas partes (por **todas partes**)
realmente (real**mente**)
magnífico (mag**nee**feeko)
oiga (**oy**ga)

2. LOS ADVERBIOS

Adverbs

Many Spanish adverbs are formed directly from adjectives. This is done by adding **-mente** to the feminine form of the adjective:

desesperada	desesper**adamente**	desperately
rápida	rápid**amente**	quickly

Where there is no separate form for the feminine, **-mente** is added to the singular.

fácil	fácil**mente**	easily
normal	normal**mente**	normally

Los niños obedecen **normalmente** a sus padres. (normal)
Children normally obey their parents.

Mis primos son **totalmente** imposibles, locos. (total)
My cousins are totally impossible, crazy.

El nieto gritó **furiosamente.**
The grandson shouted furiously.

Salió **inmediatamente.**
He left immediately.

Está **locamente** enamorado.
He's madly in love.

If several adverbs in **-mente** are grouped together, -mente is dropped from all but the last.

Suben la calle **lenta, segura** y **determinadamente.**
They go up the street slowly, surely and determinedly.

El tío le habló **atrevida** y **resueltamente.**
The uncle spoke to him boldly and resolutely.

Some common adverbs have a separate form, and are not formed from an adjective.

bien	well
mal	badly
despacio	slowly
de prisa	quickly
pronto	soon
demasiado	too
bastante	fairly
de golpe	suddenly
muy	very

The comparative of adverbs is formed in the same way as the comparative of adjectives (see Unidad 13), by putting **más** (more) or **menos** (less) in front of the adverb, and **que** after it.

Anda **menos** despacio **que** yo.	You walk less slowly than I.
Lo explicó **más** rápidamente hoy.	He explained it faster today.

Exceptions:

bien	**mejor**	better
mal	**peor**	worse

Conducen **mejor** en la capital.
They drive better in the capital.

Allí hablan **peor** que aquí.
There they speak worse than here.

3. EQUIVALENTES DE -ING

In Unidad 5 you saw how to form the continuous tenses with **estar** + gerund, to stress the on-going nature of an action.

Estoy cenando.
I am having supper.

Está lloviendo.
It is raining.

Están buscando un apartamento.
They are looking for an apartment.

Laura **está** sirviendo café.
Laura is serving coffee.

Note that different tenses of **estar** can be used.

José **estaba** leyendo.
José was reading.

The above stresses duration and continuity. Compare this example with: **Juan leía.**

However, to describe states or positions that are the result of an action, Spanish uses the past participle (**-ado, -ido**) , not the present participle (**-ando, -iendo**).
It agrees in number and gender with the subject.

Los Martínez están sentados.
The Martínez are sitting down. (literally: are sat)

Other similar examples are:

acostado, -da	lying
arrodillado, -da	kneeling
suspendido, -da	hanging

Note also that English uses the -ing form to make nouns and adjectives. This does not happen in Spanish.

el cuarto de estar: living room, family room
el comedor: dining room
interesante: interesting

English also uses -ing in such expressions as:

On arriving ...	**Al llegar ...**
After visiting Seville...	**Después de visitar Sevilla...**
Before leaving ...	**Antes de irse ...**
Without waiting ...	**Sin esperar ...**
I like looking at photographs.	**Me gusta mirar fotos.**

Note that some verbs have an irregular present participle. Many of these have the same irregularity in the present and preterite tenses.

infinitive	*present*	*preterite*	*present participle*
servir	sirvo	él sirvió	sirviendo
morir	muero	él murió	muriendo
pedir	pido	él pidió	pidiendo
preferir	prefiero	él prefirió	prefiriendo
leer	leo	él leyó	leyendo

4. EL PLUSCUAMPERFECTO

The Pluperfect

In Unidad 13 you met the Perfect Tense:

He hablado/comido/salido. I have spoken/eaten/gone out.

The Pluperfect is formed from the **imperfect of haber + past participle** of the verb concerned.

Perfect	*Pluperfect*
he llegado/bebido/vivido	**había llegado/bebido/vivido**
ha llegado/bebido/vivido	**había llegado/bebido/vivido**
hemos llegado/bebido/vivido	**habíamos llegado/bebido/vivido**
han llegado/bebido/vivido	**habían llegado/bebido/vivido**

As in the Perfect, the past participle does not agree. With one important exception which will be seen later, it is used as in English.

No habíamos terminado cuando Manuel llegó.
We had not finished when Manuel arrived.

El abuelo no sabía que los tíos habían muerto.
The grandfather did not know that the uncle and aunt had died.

El agente no sabía quién lo había hecho.
The policeman did not know who had done it.

5. LA FAMILIA

el padre	father
la madre	mother
los padres	parents
el abuelo	grandfather
la abuela	grandmother
los abuelos	grandparents
el tío	uncle
la tía	aunt
los tíos	uncle and aunt
el hijo	son
la hija	daughter
los hijos	children (sons and daughters)

el nieto	grandson
la nieta	granddaughter
los nietos	grandchildren
el primo	cousin (m)
la prima	cousin (f)
los primos	cousins
el sobrino	nephew (m)
la sobrina	niece (f)
el suegro	father-in-law
la suegra	mother-in-law
el marido **el esposo**	husband
la mujer **la esposa**	wife
el novio	boyfriend
la novia	girlfriend

6. VOCABULARIO

ir a (la) casa de Xxxx: to go to Xxxx's house
estar en casa de Xxxx: to be in Xxxx's house
servir el café: to serve the coffee

la escalera: stairs
el cuarto de estar: living room
el comedor: dining room
la cocina: kitchen
el dormitorio: bedroom
el jardín: garden
el garaje: garage
la flor: flower
el cuadro: picture, painting
el anuncio: advertisement
el refrán: saying, proverb
el tren: train
el periódico: newspaper
la maravilla: marvel, wonder
el equivalente: equivalent
el pluscuamperfecto: pluperfect
la salud: health
la cafeína: caffeine

descafeinado, -da: decaffeinated
desesperadamente: desperately
desgraciadamente: unfortunately
prácticamente: practically
realmente: really
despacio: slowly
de prisa: fast
pronto: soon
de golpe: suddenly
¡no me diga!: you don't say!
¡qué cosa!: how amazing!

desde luego, por supuesto, claro: of course
por todas partes: everywhere
telefonear: to phone
sacar fotos: to take photographs
hacer las compras: to go shopping
contener: to contain
bastar: to be enough
basta de tonterías: that's enough nonsense
traer: to bring
olvidar: to forget
oír hablar de: to hear (mention) of
casarse: to get married
acordarse (de): to remember
leer: to read
explicar: to explain
obedecer: to obey
conducir: to drive (Spain)
manejar: to drive (Latin America)
mejor: better
peor: worse
resuelto, -ta: resolved, determined
determinado, -da: determined
atrevido, -da: bold
enamorado, -da: in love
simpático, -ca: friendly, nice
hermoso, -sa: beautiful
franco, -ca: frank
exacto, -ta: exact
bonito, -ta: pretty
inmenso, -sa: huge
maravilloso, -sa: marvelous
magnífico, -ca: magnificent

normal: normal
rápido, -da: fast
loco, -ca: crazy
concreto, -ta: concrete
desafortunado, -da: unfortunate
triste: sad
seguro, -ra: safe
cierto, -ta: certain
furioso, -sa: furious
inmediato, -ta: immediate

7 EJERCICIOS

A. CONTESTAR SEGUN EL DIALOGO DE LA UNIDAD 14.

1. ¿Dónde están Anita y David?
2. ¿Están de pie?
3. ¿Qué está haciendo Laura?
4. ¿Al Señor Martínez le gusta el café?
5. Antes de irse a España Anita había dicho a Pablo que iba a hacer algo. ¿Qué fue?
6. Después de visitar Sevilla, ¿adónde fue?
7. ¿David conoce Sevilla? ¿Qué dice de la ciudad?
8. ¿Por qué habla la Señora Martínez del cuadro y de las niñas de cinco y ocho años?

B. CAMBIAR EN ADVERBIOS LOS SIGUIENTES ADJETIVOS.

Ejemplo: cortés **cortésmente**
claro **claramente**

1. franco
2. real
3. desafortunado
4. concreto
5. final
6. rápido
7. lento
8. triste
9. solo
10. simple
11. feliz
12. completo
13. maravilloso
14. práctico
15. actual
16. evidente
17. leal
18. sincero
19. seguro
20. cierto

C. *CAMBIAR AL PLUSCUAMPERFECTO EL VERBO PRINCIPAL. ESTA AHORA AL IMPERFECTO.*

Model: Cuando llegué, salían de la casa.
Cuando llegué, **habían** salido de la casa.

1. Cuando le telefoneé, Ignacio escribía la carta.
2. Cuando lo vi, no lo hacía.
3. Cuando los encontré, pagaban la cuenta.
4. Cuando llegaron, el tren entraba en la estación.
5. Cuando entré, pedían dinero a su padre.
6. Cuando llegamos, Usted no ayudaba a sus primos.
7. Cuando nos vieron, leíamos el periódico.
8. Cuando salí, no llovía.
9. Cuando murió el abuelo, no moría el hijo.
10. Cuando nació el primer hijo, comprábamos la casa.

D. *TRADUCIR AL ESPAÑOL. TENDRA QUE EMPLEAR EL PLUSCUAMPERFECTO.*

1. He had not been able to go.
2. They had not bought the tickets.
3. Anita had forgotten the photographs.
4. David had not heard of Sevilla.
5. Pablo's parents had written a letter.
6. Laura had prepared the coffee.
7. Anita had not visited Sevilla before.
8. We had not wanted to have coffee.

E. *TRADUCIR AL INGLÉS.*

1. Antes de hacer las compras, tomamos un café.
2. Sin mirar, cruzó la calle.
3. ¿Les gusta a ustedes sacar fotos?
4. Después de olvidar su número de teléfono, ella olvidó su nombre.
5. Al llegar, ella perdió el bolso.

F. TRADUCIR AL ESPAÑOL.

1. On arriving, he sat down.
2. I like looking at the newspapers.
3. Before eating, we drink something.
4. After visiting the city, we wrote a letter.
5. Without making a reservation, he went to the airport.

UNIDAD 15

"LA BUSCO DESDE HACE MEDIA HORA"

I'VE BEEN LOOKING FOR IT FOR HALF-AN-HOUR

Un Viajero **¡Oiga! Por favor señorita, ¿Ha visto por aquí una pequeña maleta gris y roja? La dejé aquí.**
Hey, please, Miss, have you seen a small gray and red suitcase around here? I left it here.

La Señorita **¿Aquí? No, Señor.**
Here? No, sir.

El Viajero **He perdido mi maleta. La busco desde hace media hora.**
I've lost my suitcase. I've been looking for it for half an hour.

La Señorita **Tal vez la encontrará. ¿Estará en Objetos Perdidos?**
Maybe you'll find it. Could it be in the Lost and Found Office?

El Viajero **No lo sé. ¿Qué haré sin todas aquellas cosas? Mis padres me la regalaron cuando tenía trece años. No podré ir de vacaciones. Será imposible.**
I don't know. What shall I do without all those things? My parents gave it to me when I was thirteen. I'll not be able to go on vacation. It'll be impossible.

La Señorita **¿Dónde fue con la maleta? ¿Se acuerda?**
Where did you go with the suitcase? Do you remember?

El Viajero **¡Yo qué sé! Salí esta mañana a las ocho. Vine a la estación. Fui al banco allí enfrente. Puse la maleta allí. Hice cola para cambiar dinero.**
How do I know! I came out this morning at 8 o'clock. I came to the station. I went to the bank over there. I put the suitcase there. I stood in line to change money.

La Señorita **¿Cuándo se dio cuenta de que no tenía la maleta?**
When did you realize that you didn't have the suitcase?

El Viajero **Hace media hora, al llegar a Información.**
Half an hour ago, on getting to the Information Desk.

La Señorita **¿Y la busca desde hace media hora?**
And you've been looking for it for half an hour?

El Viajero **Exacto... eso es.**
Precisely. That's it.

La Señorita **Bueno, yo en su lugar iría a Objetos Perdidos.**
Well, in your place I'd go to the Lost and Found Office.

El Viajero **¡Qué pesadilla! No podré ir a Roma. No llegaré al aeropuerto a tiempo. Tendré que quedarme aquí.**
What a nightmare! I'll not be able to go to Rome. I'll not reach the airport in time. I'll have to stay here.

La Señorita **Bueno ... yo en su lugar, preguntaría allí si tienen la maleta.**
Well.. in your place, I'd ask there if they have the suitcase.

El Viajero **Gracias. Usted es muy amable. Gracias. Adiós.**
Thanks. You are very kind. Thanks. Goodbye.

La Señorita **Oiga, ¿no ve aquella maleta gris y roja? ¿No será la suya?**
Hey, can't you see that gray and red suitcase? Isn't that yours?

El Viajero **No veo nada. ¿Dónde?**
I can't see anything. Where?

La Señorita **Allí, al fondo, hay muchas maletas todas juntas.**
There, over there, there are a lot of suitcases all together.

El Viajero **No puede ser. La mía estaba conmigo, y de todas formas yo no estaba allí al fondo tampoco.**
That can't be. Mine was with me, and anyway I was not over there either.

La Señorita **¿No será la suya... gris y roja? ¿Con aquel grupo de turistas?**
Isn't that yours ... gray and red? With that group of tourists?

El Viajero **Iré a ver. Volveré en seguida.**
I'll go and see. I'll be right back.

(**Dos minutos después.**)
Two minutes later.

El Viajero **¡Qué suerte! Es la mía, pero los turistas habían pensado que era suya. Iré en seguida al aeropuerto. Tal vez llegue a tiempo. Muchas gracias, señorita, adiós.**
What luck! It's mine, but the tourists had thought it was theirs. I'll go at once to the airport. Perhaps I'll arrive in time. Many thanks, Miss, goodbye.

La Señorita **De nada. Adiós. ¡Buen viaje!**
You're welcome. Goodbye. Have a good trip!

1. PRONUNCIACION

Objetos Perdidos (obxetos perdeedos)
tal vez (tal beth)
haré (aré)
yo que sé (yo ke se)

se dio cuenta (se dyo **kwenta**)
exacto (eksakto)
iría (eereea)
qué pesadilla (ke pesa**deel**ya)
podré (po**dre**)
preguntaría (pregoontareea)
amable (a**ma**ble)
suya (**soo**ya)
juntas (**xoon**tas)
la mía (la **mee**a)
de todas formas (de **to**das **for**mas)
en seguida (en se**gee**da)

2. LA EDAD

Age is expressed by to have x years. You cannot use the verb "to be," and you must add the word **años**.

¿Cuántos años tiene?
How old are you?

El nieto tiene dos años.
The grandson is two.

Cuando teníamos doce años.
When we were twelve.

3. PODER (see Unidad 4)

Remember:

(1) **saber** is often used when we use "can."

No sé conducir. I can't drive.

(2) "Can" is often omitted with verbs of perception.

¿No ve aquella maleta? Can't you see that suitcase?

4. DESDE

To express what has been happening since a point in time (Christmas/ 8.00 a.m./ last year) Spanish uses the present tense and **desde**.

Vivo aquí **desde** enero.
I have been living here since January.

Hablamos español **desde** Navidades.
We have been speaking Spanish since Christmas.

Soy vegetariano **desde** 1992.
I have been a vegetarian since 1992.

Compro aquel café **desde** entonces.
I have been buying that coffee since then.

5. DESDE HACE

To express what has been happening for a length of time (five minutes/ six centuries/ all my life) Spanish uses the present tense and **desde hace**, where English would use the perfect. Note that the action begun in the past is not yet complete.

Lo busco **desde hace** media hora.
I have been looking for it for half an hour.

Conduce así **desde hace** años.
He's been driving like that for years.

Necesito gafas **desde hace** seis meses.
I've been needing glasses for six months.

Note: This can be expressed in a slightly different way.
Hace + length of time + **que**

Hace media hora **que** lo busco.

Hace años **que** conduce así.

Hace seis años **que** necesito gafas.

The meaning is unchanged. In the latter examples **desde** is omitted.
Literally these sentences mean:
It makes half an hour that ...

6. DESDE HACIA

Used to convey **what had been** happening for a length of time.
Here the Spanish uses the Imperfect (hacía) where English would use the Pluperfect.

Estaba en México **desde hacía** un mes cuando murió.
He had been in Mexico for a month when he died.

No visitaban a sus abuelos **desde hacía** varios años.
Hacía varios años que no visitaban a sus abuelos.
They had not been visiting their grandparents for several years.

7. EL FUTURO

The Future

You already know several ways of expressing what you will do:

Quiero
Tengo que
Pienso
Voy a

All these are followed by the infinitive.

Quiero cenar.
I want to have supper.

Pienso ir de vacaciones.
I plan to go on vacation.

Voy a preguntar.
I am going to ask.

If you want to be more formal, use the future tense. This is formed from the infinitive (**-ar**, **-er**, **-ir**) with the following endings:

-é, -á, -emos, -án

compraré	comeré	viviré
comprará	comerá	vivirá
compraremos	comeremos	viviremos
comprarán	comerán	vivirán

All verbs use the same endings for the future tense, including the following which have an irregular stem (i.e. other than the infinitive).

vendré	venir
tendré	tener
podré	poder
pondré	poner
saldré	salir
querré	querer
haré	hacer
diré	decir
habré	haber (hay)
sabré	saber

Vendré mañana.
I'll come tomorrow.

¿No tendrán que obedecer?
Won't they have to obey?

Saldremos a las seis.
We'll leave at six.

The future can also be used for conjecture:

¿Cuántos años tendrá?	**¿No será suya?**
How old will he be?	Isn't that yours?

The difference between this form of the Future and the Immediate Future (**Voy a** + infinitive) is much the same as between the Future and the Immediate Future in English. In Latin America (contrary to what happens in Spain) the Immediate Future is used rather more than the Future.

8. EL CONDICIONAL

The Conditional

For regular and irregular verbs replace the Future endings with:

-ía, -ía, -íamos, -ían

miraría	I would/should look at
miraría	
miraríamos	
mirarían	
comería	I would/should eat
comería	
comeríamos	
comerían	
viviría	I would/should live
viviría	
viviríamos	
vivirían	

Any verb which is irregular in its stem in the Future has this same irregularity in the Conditional, such as:

decir	diré	diría
hacer	haré	haría
poder	podré	podría

This tense corresponds to the English Conditional.

Pensaba que **sería** loco.
I thought it **would** be crazy.

Dijo que no vendría.
He said he **would** not come.

Yo no **haría** esto.
I **would** not do this.

Note:

1. When would means "willing to" **querer** is used.

   ¿Quiere abrir la ventana? Would you open the window?

2. When would means "used to," the Imperfect is used.

   Me levantaba siempre tarde. I would always get up late.

3. When should means "ought to," the Conditional of **deber** is used.

   Debería ir en seguida. You should go at once.

   No **deberían** beber tanto. They should not drink so much.

9. LA POSESION

mi(s)	mío(s), -ía(s)	my; mine
su(s)	suyo(s), -ya(s)	your, his, her; yours, his, hers their, theirs
nuestro(s), -tra(s)	nuestro(s), -tra(s)	our, ours,

You have already met **mi(s)**, **su(s)** and **nuestro(s),-tra(s).** These precede their noun and **mi** and **su** agree with it in number (singular/plural) but not in gender (masculine/feminine). **Nuestro** agrees with its noun in both number and gender.

Mi marido y **mis** hijos están esperando.
My husband and my children are waiting.

Nuestras vacaciones empiezan hoy.
Our vacation begins today.

Mío, suyo, and **nuestro** are strong forms of the possessive adjective and follow their noun, agreeing with it in both number and gender.

¡Dios **mío**!
My God!

Este coche **mío**.
This car of mine.

Aquellos amigos **suyos**. Those friends of his.

By putting **el/la/los/las** in front of the strong possessive adjective, you form the possessive pronoun which stands in for the noun: **el mío, la mía, los míos, las mías**, mine (my ones), etc.

¿Este es **su** boleto o **el mío**? Es **suyo.**[1]	Is this your ticket or mine? It's yours.
¿De quién es esta casa? Es **suya.**[2]	Whose is this house? It's his/hers/yours/theirs.
Tengo mi entrada y **la suya.**	I have my ticket and yours/his, etc.
He olvidado mis llaves y **las suyas.**	I've forgotten my keys and yours/theirs, etc.

Note:

1. The definite article may be omitted when the pronoun follows the verb **ser**.
2. Since **suyo, -ya** may be ambiguous it is often replaced by **de él, de ella, de Ud, de ellos**, etc.

¿Es **de él**?	Is it his?
No. Es **de ella.**	No. It's hers.

10. VOCABULARIO

el viajero: traveler
Objetos Perdidos: Lost and Found Office, Lost Property
Información: Information
el lugar: place
la pesadilla: nightmare
las gafas: glasses
tal vez: maybe, perhaps
hace: ago
desde: since (+ point in time)
desde hace: for (+ length of time)
hace (+ length of time) que: for (+ length of time)
darse cuenta de: to realize
regalar: to give as a present
tener x años: to be x (years old)
amable: kind

mío, mía: my
suyo, -ya: his, her, their
junto, -ta: close, together

¡qué suerte!: what luck!
de todas formas: anyhow

11. EJERCICIOS

A. CONTESTAR SEGUN EL DIALOGO DE LA UNIDAD 15.

1. ¿Qué quería saber el viajero?
2. ¿Cómo era la maleta?
3. ¿Hacía mucho tiempo que la buscaba?
4. ¿Dónde cree la señorita que el viajero encontrará la maleta?
5. ¿A qué hora había salido el viajero?
6. En su lugar, ¿qué haría la señorita?
7. El viajero estaba triste. ¿Por qué?
   (Su contestación debe tener verbos al condicional)
8. ¿Por qué estaba la maleta gris y roja con el grupo de turistas?

B. COMPLETAR ESTAS FRASES CAMBIANDO AL FUTURO EL VERBO INDICADO.

Ejemplo: Puedo sacar las entradas.
Podré sacar las entradas.

1. El día de Navidad me dan una botella de vino.
2. ¿Se levanta temprano?
3. José recibe a sus sobrinos en la estación.
4. El programa comienza a las diez.
5. Abrimos la puerta a las dos.
6. Siempre telefonea tarde.
7. Estas cartas son para su padre.
8. El martes no hago nada.

C. CAMBIAR EL SUJETO DEL VERBO AL NUEVO SUJETO INDICADO.

Ejemplo: Cenaremos a las once. **El**
Cenará a las once.

1. Mañana estaremos en Nueva York. **Yo**
2. En abril visitaré a mi hermano. **Ud.**
3. ¿Ustedes vendrán a casa ahora? **Ud.**
4. Me quedaré en el campo. **Nosotros**

5. Tendré que hacer algo importante. **El**
6. Sabrá la hora del avión. **Ellos**
7. ¿Podrán venir? **Nosotros**
8. Ellas dirán que es verdad. **Nosotros**

D. VOLVER A ESCRIBIR ESTAS FRASES CAMBIANDO EL PRIMER VERBO AL PRETÉRITO Y EL SEGUNDO AL CONDICIONAL.

Ejemplo: Dice que llegará mañana.
Dijo que llegaría mañana.

1. Cree que hará mucho frío en abril.
2. Les explico que no podré venir.
3. Me preguntan por qué no estará en casa.
4. Los jóvenes quieren saber a qué hora cerrarán las puertas.
5. Dicen que no volverán tarde.
6. Les pregunto si saldrán.
7. Elena quiere saber cuándo terminará la clase.
8. Creo que no tendrán suerte.

E. TRADUCIR AL ESPAÑOL.

Ejemplo: They have been studying for a month.
Estudian desde hace un mes.
Hace un mes que estudian.

1. It has been raining for ten minutes.
2. We have been living here for eight years.
3. How long have you been learning Spanish?
4. He has not worked for five years.
5. He has been waiting for one hour.

UNIDAD 16

REPASO DE UNIDADES 13-15

REVIEW OF UNITS 13-15

1. VOLVER A LEER EN VOZ ALTA LOS DIALOGOS 13-15.

Diálogo 13 ¿DONDE ESTA POR FAVOR?

Un turista en Santiago Perdone, señor... Quisiera ir al museo. ¿Dónde está por favor?

Policía ¿El museo?

Turista Lo he buscado por todas partes pero no lo he encontrado.

Policía Pues sí, ahora me acuerdo. ¿Usted ha subido por allí verdad? Bueno, ha pasado muy cerca. Está más cerca que el Hotel Carmona.

Turista ¡Qué tontería!

Policía Tiene que bajar esta calle hasta la fuente y doblar a la derecha. Después del semáforo va a pasar delante del hospital, y tomar la primera a la izquierda. Usted sigue todo recto y allí al fondo está en frente a unos 50 metros. Está muy cerquita.

Turista Pero he pasado por allí, sin verlo.

Policía Eso dicen muchos. Está a cinco minutos a pie.

Turista ¿Y para ir después al Jardín Botánico?
Policía Eso sí es más complicado.
Turista ¿Tengo que ir en taxi?
Policía No. Puede ir a pie. No es que esté tan lejos, sino que es menos fácil de encontrar.
Turista Jamás he visitado el Jardín Botánico y tengo muchas ganas de ir.
Policía Vamos a ver. Al salir del museo debe tomar la tercera a la derecha hacia el centro, seguir hacia abajo hasta el cruce. Cruzar y luego tomar la segunda a la derecha entre el cine y el bar, y después de pasar el puente va a ver un parque detrás del colegio. Este es el Jardín Botánico.
Turista ¡Perfecto! Pero todavía no he sacado las entradas.
Policía Eso se puede hacer allí mismo. Lo único es que hay que hacer cola.
Turista Muchas gracias señor. Adiós.
Policía Adiós. De nada.

Diálogo 14 ¿QUE TAL LA FAMILIA?

Señora Martínez ¿Más café, Anita?
Anita Pues sí, gracias, solo y sin azúcar.
Señora Martínez ¿Y usted, David? ¿Le sirvo otro poco?
David Para mí no, gracias. No me gusta tanto el café.
Señora Martínez Usted es como mi marido. No le gusta el café ... ni el té tampoco.
Señor Martínez Es verdad .... prefiero el vino.
Señora Martínez Desgraciadamente el vino no es muy bueno para la salud.
Señor Martínez El café y el té contienen cafeína. El vino no la tiene.
Señora Martínez ¿Y el café descafeinado?
Señor Martínez Basta de tonterías. Anita, ha estado en España. ¿Qué tal mi familia?
Anita Bueno, pasé prácticamente todo el tiempo en Sevilla, donde conocí a su primo Alberto, cuyos amigos también eran muy simpáticos.
Señora Martínez ¿Antes de irse no había dicho que iba a visitar Madrid?
Anita Claro, después de visitar Sevilla, fui allí, y los padres de Pablo me invitaron a cenar.
Señor Martínez Nos han escrito. Nos han contado que estuvo allí, y que sacó muchas fotos.

Anita Por supuesto.

Señor Martínez ¿Ha traído las fotos hoy?

Anita A ver ... pensaba que las había puesto en el bolso ... Aquí están.

Señora Martínez ¿Nadie quiere más café? ¿Verdad que no?

David ¡Qué hermoso es esto! ¿Es Sevilla?

Señor Martínez David, ¿no conoce el refrán, "Quien no ha visto Sevilla, no ha visto maravilla"?

David ¡Qué interesante! Antes de la Expo 92 no había oído hablar de Sevilla.

Anita Y aquí, unas fotos de su familia, aunque francamente no son muy buenas. No sé si les gusta mirar tantas fotos.

Señor Martínez ¡Ay Dios mío! ¡Qué vieja está mi hermana! ¡Y sus hijos...!

Señora Martínez ¡Qué cosa, no! David, éstas dos señoritas que ve aquí... ¡qué guapas son! Son las dos niñas de cinco y ocho años que están allí en aquel cuadro ... que es de hace doce años.

Anita Y aquí ... los padres y los tíos de Pablo.

Señor Martínez Mis padres, o sea los abuelos de las dos niñas.

Anita No hay que olvidar a su sobrino, ...y ésta será su novia.

Señor Martínez ¡No me diga! ¿Tiene novia?

Anita Desde luego. Y piensan casarse. Están buscando un apartamento y todo.

Señora Martínez Y aquí, ¿qué están haciendo?

Anita No me acuerdo exactamente.

David ¿No están leyendo el periódico? Él está mirando el anuncio y ella está explicando algo.

Anita Y la casa de su hermano. ¿No ve qué bonita es?

Señor Martínez El comedor ... ésa es la cocina ... el cuarto de estar... uno de los dormitorios, la escalera.

Anita Y finalmente el jardín ... un garaje inmenso.

Señor Martínez Y flores por todas partes.

Señora Martínez Le había dicho que quería ver unas fotos ... pero realmente ha sido magnífico. Oiga, pues muchas gracias.

Diálogo 15 "LA BUSCO DESDE HACE MEDIA HORA'

Un Viajero	¡Oiga! Por favor señorita, ¿Ha visto por aquí una pequeña maleta gris y roja? La dejé aquí.
La Señorita	¿Aquí? No, Señor.
El Viajero	He perdido mi maleta. La busco desde hace media hora.
La Señorita	Tal vez la encontrará. ¿Estará en Objetos Perdidos?
El Viajero	No lo sé. ¿Qué haré sin todas aquellas cosas? Mis padres me la regalaron cuando tenía trece años. No podré ir de vacaciones. Será imposible.
La Señorita	¿Dónde fue con la maleta? ¿Se acuerda?
El Viajero	¡Yo qué sé! Salí esta mañana a las ocho. Vine a la estación. Fui al banco allí enfrente. Puse la maleta allí. Hice cola para cambiar dinero.
La Señorita	¿Cuándo se dio cuenta de que no tenía la maleta?
El Viajero	Hace media hora, al llegar a Información.
La Señorita	¿Y la busca desde hace media hora?
El Viajero	Exacto... eso es.
La Señorita	Bueno, yo en su lugar iría a Objetos Perdidos.
El Viajero	¡Qué pesadilla! No podré ir a Roma. No llegaré al aeropuerto a tiempo. Tendré que quedarme aquí.
La Señorita	Bueno ... yo en su lugar, preguntaría allí si tienen la maleta.
El Viajero	Gracias. Usted es muy amable. Gracias. Adiós.
La Señorita	Oiga, ¿no ve aquella maleta gris y roja? ¿No será la suya?
El Viajero	No veo nada. ¿Dónde?
La Señorita	Allí, al fondo, hay muchas maletas todas juntas.
El Viajero	No puede ser. La mía estaba conmigo, y de todas formas yo no estaba allí al fondo tampoco.
La Señorita	¿No será la suya... gris y roja? ¿Con aquel grupo de turistas?
El Viajero	Iré a ver. Volveré en seguida.

(Dos minutos después.)

El Viajero	¡Qué suerte! Es la mía, pero los turistas habían pensado que era suya. Iré en seguida al aeropuerto. Tal vez llegue a tiempo. Muchas gracias, señorita, adiós.
La Señorita	De nada. Adiós. ¡Buen viaje!

2. EJERCICIOS

A. ESCOGER LA PALABRA CORRECTA.

Ejemplo: ¿Dónde está por favor? hay es está

1. Correos no está cerca. Está ______. lejos enfrente a la izquierda
2. ¿ _____ que ir en taxi? voy puedo tengo
3. Queremos ir______ pie. de con sin a
4. Al ______ el museo está en frente. salir sale saliendo
5. Ayer____al teatro. iré fui he ido voy
6. _____ no ha cenado. yo él nosotros
7. ____ he ido nunca a California. jamás yo no
8. No han ______ venir. podido puesto que
9. La pensión está cerca _____ parque. de del a al
10. Es el mejor café______mundo. en el de el del
11. Yo _____cenar ahora. pude quise quisiera
12. Usted y yo _____ mañana. salgo salimos saldremos
13. ____ sol en mayo. hace hay está
14. Mi hermano _______veinte años. es tiene hace
15. Siempre _____ mucho en Inglaterra. está lloviendo lleva llueve

B. CONTESTAR EN LA FORMA NEGATIVA.

Ejemplo: ¿Va allí mucho?
No, no voy allí mucho.

¿Invitaremos a alguien?
No, no invitaremos a nadie.

1. ¿Ha podido sacar las entradas?
2. ¿Mira algo?
3. ¿Alguien quiere ayudarme?
4. ¿Tienen alguna idea del problema?
5. ¿Siempre pasa esto?

C. *CAMBIAR AL PERFECTO.*

Ejemplo: Ellos llegan al aeropuerto a tiempo.
Ellos han llegado al aeropuerto a tiempo.

1. ¿Qué dice usted?
2. No puedo olvidarlo.
3. Nos levantamos a las siete.
4. Bebemos todo el vino.
5. No llama nadie.
6. ¿Usted viene en coche?

D. *CAMBIAR SEGUN EL MODELO, USANDO EL PRONOMBRE POSESIVO.*

Ejemplo: ¿Han olvidado nuestro dinero?
¿Han olvidado el nuestro?

1. ¿Estoy bebiendo su café?
2. Vamos a vender nuestra casa.
3. ¿Ha oído mis discos?
4. Dejamos nuestras maletas en el hotel.
5. ¿Es éste su pasaporte?
6. He perdido mis llaves.

E. *TRADUCIR AL ESPAÑOL.*

1. The theater is more interesting than the movies.
2. It is the best wine in the world.
3. My older brother is taller.
4. He drives faster than I do.
5. He is the worst student in the school.

F. CAMBIAR SEGUN EL MODELO.

Ejemplo: Ella escribe mucho. (ahora)
Ella está escribiendo mucho ahora.

1. Mi prima viaja mucho. (este mes)
2. La secretaria habla francés. (ahora mismo)
3. El agente ayuda a muchos. (hoy)
4. Los italianos compran muchos helados. (este verano)
5. Los sobrinos leen todo. (hoy mismo)

G. CONTESTAR SEGUN EL EJEMPLO.

Ejemplo: ¿Cuánto tiempo hace que usted vive aquí? (un año)
Vivo aquí desde hace un año.
Hace un año que vivo aquí.

1. ¿Cuánto tiempo hace que habla usted español? (seis semanas)
2. ¿Desde cuándo sabe usted emplear el ordenador? (un mes)
3. ¿Desde cuándo compran ellos café descafeinado? (año y medio)
4. ¿Desde cuándo estaba enfermo cuando murió? (varios años)

UNIDAD 17

¿ME VOY A MORIR?

AM I GOING TO DIE?

Mucha gente está enferma. Casi todos tienen gripe. Don Ignacio es médico* y en la sala de espera de su consulta vemos a Fina, la amiga de Laura Martínez. Trabaja mucho, o sea demasiado. Cuando Laura la invitó al Teatro Liceo, Fina contestó que estaba cansada y que preferiría no salir. David también quiere ver a Don Ignacio. Le duele la cabeza y no tiene ganas de comer, ni mucho menos estudiar.
Many people are ill. Almost everyone has flu. In the waiting room of the doctor, Don Ignacio, we can see Fina, Laura Martínez's friend. Fina works a lot, or rather, too much. When Laura invited her to the Teatro Liceo, Fina replied that she was tired and would prefer not to go out. David also wants to see Don Ignacio. He has a headache and does not feel like eating, let alone studying.

Don Ignacio **Buenos días, señora. ¿Cómo está?**
Good morning. How are you?

Fina **Estoy fatal. No puedo hacer nada, ... absolutamente nada...**
Dreadful. I can't do anything, ... absolutely nothing ...

Don Ignacio **Tiéndase sobre la cama. ¿Qué le duele? Le voy a hacer un reconocimiento.**
Lie down on the bed. Where does it hurt? I'll examine you.

Fina **Me duele la cabeza, me duele el vientre, me duele la espalda, me duele la garganta, me duelen los oídos ...**
I've a headache, a stomachache, a backache, sore throat, earache,...

Don Ignacio **¿Tiene fiebre?**
Have you a fever?

Fina **Pues no lo sé. No puedo trabajar, y tengo tanto que hacer en la oficina. No puedo hacer nada, y si no estoy allí nadie hace nada.**
Well, I don't know. I cannot work, and I've so much to do in the office. I can't do anything and if I'm not there, nobody does anything.

Don Ignacio **Espere. Usted tranquila.**
Wait. Keep calm.

Fina **Tomar calmantes, ¿yo? ¡Ni hablar! ¡Jamás!**
Take sedatives? Me? No way! Never!

Don Ignacio **Déjeme hablar. Mire usted ...**
Let me talk. Look ...

Fina **Pero ...**
But ...

Don Ignacio **Deje de pensar que los otros no valen nada.**
Stop thinking that the others can't do anything.

Fina **¡Pero es verdad!**
But it's true!

Don Ignacio **Vuelva a casa. Tome** un libro. Pase el día leyendo. Descanse usted. Coma mucha fruta y carne, muchas proteínas y vitaminas. No beba alcohol. No piense en el trabajo. Acuéstese temprano. Levántese tarde.**
Go home. Pick up a book. Spend the day reading. Rest. Eat a lot of fruit and meat, a lot of proteins and vitamins. Don't drink alcohol. Don't think about work. Go to bed early. Get up late.

Fina **Pero me duele todo. ¿No me da medicina?**
But I'm hurting all over. You're not giving me any medicine?

Don Ignacio **Es cuestión de estrés, nada más. Siga usted mis consejos. Vuelva en ocho días. ¿Está bien?**
It's just stress. Follow my advice. Come back in a week. Right?

Don Ignacio **Hola David, ¿Cómo estás? ¿Cómo está tu mamá?**
Hello, David. How are you? How is your mom?

David **Fatal. Es la primera vez que estoy así. ¿Me voy a morir?**
Dreadful. It's the first time I've felt like this. (Literally: that I am like this) Am I going to die?

Don Ignacio **Tiéndete sobre la cama . Te voy a hacer un reconocimiento.... ¿Te duele aquí?**
Lie down on the bed. I'm going to examine you.... Does it hurt here?

David **Mucho. Muchísimo.**
A lot. A whole lot.

Don Ignacio **¿Te duele aquí?**
Does it hurt here?

David **Allí también. Me duelen los ojos, me duele el vientre, me duelen las piernas, la espalda. Tengo fiebre.**
There too. My eyes hurt, my stomach , my legs, my back. I have a fever.

Don Ignacio **Mira no es el primer caso que veo yo. Es una enfermedad bastante común.**
Look it's not the first case I've seen. It's a fairly common disease.

David **¿Me voy a morir? ¿Será apendicitis?**
Am I going to die? Is it (literally: will it be) appendicitis?

Don Ignacio **Espera. Tú tranquilo. Déjame hablar.**
Wait. Keep calm. Let me talk.

David **¿Será necesario ir de vacaciones?**
Do I need to take a vacation?

Don Ignacio **En absoluto. Es una enfermedad muy común. Se ve mucho entre los estudiantes.**
Absolutely not. It's a very common illness. It's seen a lot in students.

David **¿Será fiebre glandular?**
Can it be glandular fever?

Don Ignacio **No, no, no. Ni fiebre glandular, ni apendicitis. Toma mucho líquido, pero de alcohol nada. Trata de descansar. Acuéstate temprano. Toma vitaminas. No salgas de noche, ni vayas a fiestas.**
No. Neither glandular fever, nor appendicitis. Drink plenty of liquids, but no alcohol. Try to rest. Go to bed early. Take some vitamins. Don't go out at night or go to parties.

David **¿Es grave lo que tengo?**
Is what I have serious?

Don Ignacio **Te digo que no es grave. Es una enfermedad muy común entre los estudiantes ...**
I'm telling you it's not serious. It's an illness that's very common among students ...

David **¿Qué será?**
What can it be?

Don Ignacio **Sobre todo entre los que no se han preparado para los exámenes.**
Above all among those who have not gotten themselves ready for their exams.

David **Bueno, trataré de seguir sus consejos.**
Right, I'll try to follow your advice.

Don Ignacio **Sobre todo, no tomes alcohol. ¿Está bien?**
Above all don't drink any alcohol. Right?

* él es médico= he is a physician. Notice how **the** is omitted in Spanish in front of professions.
** Peninsular Spanish would use **coger** here. This word is to be avoided in Latin America because of its connotations.

1. PRONUNCIACION

morir (mor**eer**)
peso ideal (**pe**so eede**al**)
consulta (kon**sool**ta)
gente (**xen**te)
enfermo (en**fer**mo)
tiéndase (tee**en**dase)
cama (**ka**ma)

reconocimiento (rekonotheе**myento**)
gripe (**greepe**)
cabeza (ka**betha**)
vientre (**byentre**)
espalda (es**pal**da)
oídos (o**ee**dos)
fiebre (**fyebre**)
trabajar (traba**xar**)
tranquila (tran**keela**)
calmantes (kal**mantes**)
ni hablar (nee ab**lar**)
fruta (**froota**)
carne (**karne**)
acuéstese (**akwestese**)
levántese (le**bantese**)
medicina (medee**theena**)
consejos (kon**sexos**)
cuestión (kwestee**on**)
estrés (es**tres**)
así (a**see**)
enfermedad (enferme**dad**)
común (ko**moon**)
apendicitis (apendee**theetees**)
fiebre glandular (**fyebre** glandoo**lar**)
piernas (**pyernas**)
grave (**grabe**)
exámenes (ek**samenes**)
trataré (trata**re**)

2. TÚ/USTED/VOSOTROS, -TRAS/USTEDES

For simplicity you have so far concentrated on using **usted(es)** for you (see Unidad 11, 4) with the **él/ella** ending of the verb. **Tú** and **vosotros, -tras** (with their own verb endings) are used in Spain in informal situations and increasingly in more formal situations, even between strangers. Their use is less common in Latin American countries, and you will find considerable variation between countries. **Tú** is used throughout the Spanish speaking world in informal contexts.
As with **yo, él** etc., **tú** and **vosotros, -tras** are often omitted, but the verb ending identifies the fact that you are using the informal, not the formal form.

Presente			
tú	compras	bebes	vives
vosotros, -tras	compráis	bebéis	vivís
Imperfecto			
tú	comprabas	bebías	vivías
vosotros, -tras	comprabais	bebíais	vivíais
Futuro			
tú	comprarás	beberás	vivirás
vosotros, -tras	compraréis	beberéis	viviréis
Pretérito			
tú	compraste	bebiste	viviste
vosotros, -tras	comprasteis	bebisteis	vivisteis
Condicional			
tú	comprarías	beberías	vivirías
vosotros, -tras	compraríais	beberíais	viviríais
Pluscuamperfecto			
tú	habías comprado	habías bebido	habías vivido
vosotros, -tras	habíais comprado	habíais bebido	habíais vivido

Tú and **vosotros, -tras** have their own adjectives and pronouns:

Adjectives

Tu(s) means your and is used informally, speaking to one person.

tu casa y **tus** cosas
your house and your things

Vuestro,-a (s) means *your* and is used informally, speaking to several people.

vuestra casa y **vuestras** cosas
your house and your things

There are also the strong adjectives which follow their noun:

este coche **tuyo** - this car of yours
estos coches **vuestros** - these cars of yours

Pronouns

The strong possessive pronouns are identical to the strong possessive adjectives as was seen in Unidad 15,9.

El mío no está bien, busca **el tuyo.**
Mine is not good, look for yours.

No me gusta **la mía,** sino **la vuestra.** (referring to a feminine object)
I don't like mine, but yours.

Mamá, ¿por qué no me **das tu** monedero? Quiero **el tuyo.**
Mom, why don't you give me your change purse? I want yours.

3. PRONOMBRES-DIRECTO/INDIRECTO/REFLEXIVO-

For **tú** and **vosotros,** the object pronoun (direct and indirect) is the same as the reflexive pronoun. This is very convenient, but remember that you will need to use the appropriate direct or indirect object pronouns or reflexive pronouns in other persons where there is a difference -le(s)/lo(s)/la(s)-

Object:

Te invito. I invite you (singular).
Os invito. I invite you (plural).

Te miramos. We look at you (singular).
Os miramos. We look at you (plural).

¿**Te** duele? Does it hurt you (singular)?
¿**Os** gusta? Do you (plural) like it?

In the above examples the subject and the object are clearly different persons: I invite you etc.

Reflexive

Te levantas. You get (yourself) up.
Te llamas Miguel. You are called (call yourself) Miguel.

Os laváis. You wash (yourselves).
Os despertáis. You wake up (yourself, not someone else).

These verbs would cease to be reflexive if the object were a different person, as in:

Me llaman Rosa. They call me Rose.
Despierto al bebé. I wake the baby.

4. ME DUELE LA CABEZA

My head hurts/I've a headache.

Doler (ue) uses the same construction as gustar, in other words, something hurts to me, just as with gustar, something appeals to me.

The pronouns to use with these verbs are:

me	**nos**
te	**os**
le	**les**

These are the indirect object pronouns.

¿**Te** duele, mamá? Does it hurt, Mom?
Le duele el vientre. His/her stomach aches. (literally: To him/her the stomach aches.)

Notice that Spanish uses the definite article where in English we use the possessive *my, his, her,* etc. This use occurs with parts of the body and also with clothing.

Tiene **la** camisa sucia.
His/her shirt is dirty.

In Unidad 3 Anita could well have said,

Mi pasaporte está en **el** bolso.
My passport is in my purse.

¡OJO! BEWARE!

Do not confuse the reflexive with the indirect object:

Se lavó las manos. He washed his hands (his own).
Su madre le lavó las manos. His mother washed his hands.

5. EL IMPERATIVO

The imperative, or command, was described in Unidad 5, 10. Here you saw how the usted(es) command forms look like the present tense, changing the **-a** and **-an** of **-ar** verbs to **-e** and **-en**. Likewise the

-e and **-en** of **-er** and **-ir** verbs change to -a and -an. These are in fact the endings of the present subjunctive (Unidad 18).

hablar	comer	escribir
(no) hable	(no) coma	(no) escriba
(no) hablen	(no) coman	(no) escriban
(don't) speak!	(don't) eat!	(don't) write!

Tú and **vosotros, -tras** commands in the negative also use the subjunctive, taking the appropriate ending.

No hables	No comas	No escribas
No habléis	No comáis	No escribáis
Don't talk	Don't eat	Don't write

Tú and **vosotros, -tras** in the positive follow a different pattern. The **tú** form looks like an ordinary present, with the **él, ella** forms ending.

habla	**come**	**escribe**

Verbs which have a change of stem vowel in the present have this same change in the Imperative.

comenzar	**comienza**	begin
volver	**vuelve**	return
pedir	**pide**	ask

Empieza a estudiar. Start studying.
Lee y **repite**. Read and repeat.

Habla despacio por favor. Speak slowly please.

Certain common irregular verbs have a shortened irregular **tú** imperative:

poner	**pon**
decir	**di**
ir	**ve**
ser	**sé**
salir	**sal**
venir	**ven**

Ten cuidado.	Be careful.
Ven aquí.	Come here.
Sal ahora mismo.	Leave right now.
Sé prudente.	Be sensible.
Di la verdad.	Tell the truth.

All **vosotros, -tras** positive commands (even those of verbs having an irregularity in the **tú**) are regular in the plural, and resemble the infinitive, with the **-r** changed to **-d.**

hablar	comenzar	comer	poner	escribir	salir
hablad	comenzad	comed	poned	escribid	salid

Sed buenos. Be good.
Venid mañana. Come tomorrow.
Haced esto. Do this.

6. Ni ... ni ...

This means *neither ... nor ...* If it appears after a verb it must be preceded by **no.**

Ni Juan ni José vendrá.
No vendrá ni Juan ni José.
Neither Juan nor José will come.

Ni Francia ni Portugal produce petróleo.
No produce petróleo ni Francia ni Portugal.
Neither France nor Portugal produces oil.

7. SINGULAR/PLURAL

Note that some words which are singular in English may be plural in Spanish.

el consejo / **los consejos**	advice
el mueble	piece of furniture
los muebles	furniture
la noticia	piece of news
las noticias	news

8. VOCABULARIO

el peso ideal: ideal weight
la consulta: doctor's office
el médico: physician

la gripe: flu
la sala de espera: waiting room
los calmantes: sedatives
la cuestión: question; problem
el estrés: stress
fatal: dreadful
grave: serious
la cabeza: head
el vientre: abdomen
la espalda: back
la garganta: throat
los oídos: ears
la fiebre: fever
la medicina: medicine
el consejo: advice
la proteína: protein
la vitamina: vitamin
el alcohol: alcohol
la fruta: fruit
la carne: meat
doler (ue): to hurt
me duele la mano: my hand hurts
valer: to be worth
tomar: to pick up
descansar: to rest
acostarse: to go to bed
¡ni hablar!: no way!
ni mucho menos: far from it
o sea: that's to say, or rather
tanto, -ta: so much
temprano: early
tarde: late
así: like this
la enfermedad: sickness
la apendicitis: appendicitis
prepararse: to get oneself ready
el examen: examination
el monedero: change purse
prudente: sensible
el bebé: baby
sucio, -cia: dirty
el petróleo: oil (crude)
tenderse: to lie down
morir: to die

el reconocimiento: medical examination
la pierna: leg
la fiebre glandular: glandular fever
la fiesta: public holiday; party
el examen: examination
la cama: bed
fumar: to smoke
el cigarrillo: cigarette
el periódico: newspaper
¡ojo!: beware!

9. EJERCICIOS

A. CONTESTAR SEGUN EL DIALOGO DE LA UNIDAD 17.

1. ¿Por qué está en la consulta Don Ignacio?
2. ¿Quiénes son las otras personas que están allí?
3. ¿Cómo se sabe que Fina no está bien?
4. Don Ignacio dice "tiéndase". ¿Por qué?
5. ¿Qué le duele a Fina?
6. ¿Qué hacen los otros en la oficina de Fina si ella no está?
7. ¿Cuáles son los consejos de Don Ignacio?
8. ¿Don Ignacio le da medicina?
9. ¿Cuál será la enfermedad que tiene?
10. ¿Fina tiene que volver a ver a Don Ignacio?
11. ¿David tiene fiebre? ¿Y qué más?
12. David cree que tiene apendicitis. ¿Tiene razón?
13. ¿Será necesario ir de vacaciones?
14. ¿Qué grupo de personas tiene esta enfermedad?
15. Don Ignacio dice que hay una cosa que David no debe hacer. ¿Cuáles son sus palabras exactas?
16. ¿Y qué es lo que tiene que hacer?

B. TRANSFORMAR, SEGUN EL MODELO.

(Comprar) ______ vitaminas.
Compra vitaminas.
Comprad vitaminas.

(Comer) ______ mucha fruta.

Come mucha fruta.
Comed mucha fruta.

1. (Tomar) ______ mucho líquido.
2. (Beber) ______ vino.
3. (Descansar) _____ en casa.
4. (Llegar) ______ temprano.
5. (Salir) ______ ahora mismo.
6. (Venir) ______ conmigo.

C. TRANSFORMAR SEGUN EL MODELO.

Invita a Lola.
No invites a Lola.

1. Toma mucho vino.
   No _______.
2. Fuma estos cigarillos.
   No _______.
3. Habla español.
   No _______.
4. Mira el periódico.
   No _______.
5. Contesta ahora.
   No _______.
6. Llega a las seis.
   No _______.

D. TRANSFORMA SEGUN EL MODELO.

Yo tengo mi mapa, y él tiene su mapa.
Yo tengo **el mío**, y él tiene el suyo.

1. Tú pagas tu café, y ellos compran su café.
2. Buscamos nuestras llaves, y tú buscas tus llaves.
3. Yo escribo a mi familia y vosotros escribís a vuestra familia.
4. El invita a sus amigos, y ella invita a sus amigas.
5. Leo mis libros y ustedes leen sus libros.

UNIDAD 18

¿QUÉ DESEA?

CAN I HELP YOU?

En un almacén: in a department store

El Dependiente	**¿Qué desea?** Can I help you?
El Cliente	**Quisiera probar unos zapatos.** I'd like to try on some shoes.
El Dependiente	**Sí, señor. ¿Cuáles?** Yes sir. Which ones?
El Cliente	**Aquellos, a mano derecha, los negros.** Those on the right, the black ones.
El Dependiente	**¿Qué número?** What size?
El Cliente	**La cuarenta y cuatro.** Size 10.

El Dependiente **El cuarenta y cuatro en negro. No sé si quedan. Voy a ver.**
Size ten in black. I don't know if any are left. I'll go and see.

Algunos minutos después, el dependiente vuelve sin zapatos.
Some minutes later the salesclerk returns without any shoes.

El Dependiente **Lo siento. No quedan.**
I'm sorry. There aren't any left.

El Cliente **¡Qué lástima! Hace mucho tiempo que quiero comprar este estilo.**
What a pity! I've been wanting to buy that style for a long time.

El Dependiente **Si quiere dejar su nombre le puedo llamar cuando lleguen más zapatos.**
If you want to leave your name, I can call you when more shoes arrive.

El Cliente **Ud. es muy amable.**
You are very kind.

El Dependiente **O si prefiere, puede probar otro estilo.**
Or if you prefer, you can try another style.

El Cliente **A ver. Es esencial que sean negros. Prefiero que tengan el tacón no demasiado grande ... y conviene que no cuesten demasiado.**
Let's see. They have to be black. I prefer them not to have too big a heel ... and it's good if they don't cost too much.

El Dependiente **Si quiere que le muestre otros ... es posible que le gusten éstos, que están muy de moda.**
If you want me to show you others ... maybe you'll like these, which are very fashionable.

El Cliente **Más vale que me llame cuando tenga más.**
It's best if you call me when you have more.

El Dependiente **Muy bien señor. Antes de que se vaya, voy a escribir su nombre ... o si usted quiere escribir aquí su nombre y su número de teléfono, le llamaremos en cuanto los tengamos.**
Very well, sir. Before you go I'll write down your name or if you want to write your name and telephone number here, we'll call you as soon as we have them.

El Cliente **Aquí, mi nombre y mi número de teléfono. Muchas gracias. Y oiga, ¿dónde podré encontrar la sección de regalos ... recuerdos, o lo que sea?**
Here's my name and telephone number. Many thanks. Hey, where can I find the gifts section ... or souvenirs, or whatever it is?

El Dependiente **Pase por allí ... Allí está la escalera mecánica. Suba hasta la tercera planta.**
Go over there ... There's the escalator. Go up to the third floor.

El Cliente **Gracias. Adiós. Hasta otro día. ¡Que me llame pronto!**
Thanks. So long. See you another day. Call me soon!

1. PRONUNCIACION

dependiente (depen**dyen**te)
cliente (kle**een**te)
probar (pro**bar**)
derecha (de**re**cha)
que lástima (ke **las**teema)
estilo (es**tee**lo)
lleguen (**lye**gen)
amable (a**ma**ble)
sean (**se**an)
conviene (kon**bye**ne)
tacón (ta**kon**)
muestre (**mwes**tre)
oiga (**oy**ga)
regalos (re**ga**los)
escalera mecánica (eskalera mekaneeka)

2. EL SUBJUNTIVO: PRESENTE - FORMAS REGULARES

In Unidad 17 and previously in Unidad 5 (10), you were introduced to the Present Subjunctive endings.

All the **usted(es)** commands and the **tú** and **vosotros, -tras** commands in the negative are taken from the Present Subjunctive, some of whose other uses are explained in this chapter and in Unidad 19.

FORMA

hablar	comer	escribir
hable	coma	ecriba
hables	comas	escribas
hable	coma	escriba
hablemos	comamos	escribamos
habléis	comáis	escribáis
hablen	coman	escriban

In **-ar** verbs take the first person singular of the Present Indicative (habl<u>o</u>) remove the ending and substitute the endings **-e**, **-es**, **-e**, **-emos**, **-éis**, **-en**.
In **-er** and **-ir** verbs remove the ending and substitute the endings **-a**, **-as**, **-a**, **-amos**, **-áis**, **-an**.

In a stem-change verb, the stem change takes place in the Present Subjunctive in the same persons as in the Present Indicative.

poder	volver	comenzar
pueda	**vuelva**	**comience**
puedas	**vuelvas**	**comiences**
pueda	**vuelva**	**comience**
podamos	**volvamos**	**comencemos**
podáis	**volváis**	**comencéis**
puedan	**vuelvan**	**comiencen**

Some verbs have a spelling change:

comenzar	>	comience
pagar	>	pague
sacar	>	saque

The spelling is changed to retain the sound of the infinitive.

3. FORMAS IRREGULARES

The rule given for the formation of the Present Subjunctive applies also to the majority of the irregular verbs, which have the same irregularity in the Present Subjunctive as in the first person (yo) of the Present Indicative.

caer	to fall	**caigo caiga**
decir	to say	**digo diga**
hacer	to do	**hago haga**
oír	to hear	**oigo oiga**
poner	to put	**pongo ponga**
salir	to go out	**salgo salga**
tener	to have	**tengo tenga**
traer	to bring	**traigo traiga**
venir	to come	**vengo venga**

The rule does not apply to verbs whose first person singular in the Present Indicative does not end in **-o.** You met **sea** from **ser,** in the dialog.

dar	estar	haber	ir	ser
dé	**esté**	**haya**	**vaya**	**sea**
des	**estés**	**hayas**	**vayas**	**seas**
dé	**esté**	**haya**	**vaya**	**sea**
demos	**estemos**	**hayamos**	**vayamos**	**seamos**
deis	**estéis**	**hayáis**	**vayáis**	**seáis**
den	**estén**	**hayan**	**vayan**	**sean**

4. USO - DESPUÉS DE CIERTOS VERBOS

The subjunctive is a mood, with various tenses. In English we seldom use it, and when we do, we often do not recognize it. For example, "Long *live* the President", and "If I *were* you" are both subjunctives. In Spanish you cannot avoid using the subjunctive. It has many other uses as well as providing all the Imperative forms for **usted(es)** and, for **tú** and **vosotros, -tras,** in the negative.

In certain cases the Present Subjunctive replaces the Present Indicative. It is used:

(a) after verbs of wishing/wanting/preferring

Quiere que le **visite** en Guadalajara.
He wants me to visit him in Guadalajara.

¿Prefieres que **comamos** fuera?
Do you prefer us to eat outside?

No quiero que me **esperen.**
I don't want you to wait for me.

(b) after verbs of emotion or reaction (hope, regret, sorrow, joy, surprise, fear, worry)

Estoy contento de que **puedas** venir.
I'm glad that you can come.

Es una lástima que no los **tengan.**
It's a shame that they don't have them.

Me sorprende el que no **haga** sol.
I'm surprised that it's not sunny.

(c) after verbs of commanding or instructing, giving permission or advice.

Me dice que yo **venga.**
He tells me to come.

Nos ruega que **salgamos.**
He asks us to leave.

El médico le aconseja que no **tome** alcohol.
The doctor advises him/her not to have any alcohol.

Note:

1. When decir means **tell** in the sense of **relate,** it does not require the subjunctive.

   Dice que llegó tarde.
   He says he arrived late.

2. The subjunctive is used after the verbs mentioned, when the subject of the main clause is different from the subject of the dependent clause.

   Quiero **leer.** I want to read.

   but

   Quiero que **leas.** I want **you** to read.

   Prefieren **comprar** éstos. They prefer to buy these.

   but

   Prefieren que **compremos** éstos. They prefer **us** to buy these.

5. USO - DESPUES DE: CUANDO, HASTA QUE, EN CUANTO, ANTES DE QUE

When **cuando** (when) and **hasta que** (until) refer to future time, they are followed by the subjunctive, as in **en cuanto** (as soon as). **Antes de que** (before) is always followed by the subjunctive. **Si** (if) is never followed by the present subjunctive, but by the present indicative.

Contrast:
Cuando voy **allí**, siempre hace buen tiempo.
When(ever) I go there, the weather is always good.

and
Cuando **tenga** dinero, iré a Venezuela.
When I have money, I'll go to Venezuela.

or
En cuanto ellos **lleguen**, volveré.
As soon as they arrive, I'll return.

or
Antes de que ustedes **vayan** a España deben venir a verme.
Before you go to Spain, you must come and see me.

6. EXPRESIONES IMPERSONALES

Certain impersonal expressions are also followed by the subjunctive, among them:

es (im)posible que	it is (im)possible that
es probable que	it is probable that
es esencial que	it is essential that
es mejor que	it is better that
más vale que	it is better that
conviene que	it is good that
es preciso que	it is necessary that
es necesario que	it is necessary that
hace falta que	it is necessary that

Es posible que le **gusten** éstos.
It is possible (that) he will like these.

Más vale que **llame** usted.
It is better for you to call.

Conviene que no **cuesten** demasiado.
It is best they do not cost too much.

NOTE:

1. Instead of saying for example, "It is better that...", English often says "It is better for me/him/her/us/them to..."
   You may find it easier to remember the Spanish construction by remembering the English alternative of "It is better that" etc.

2. The infinitive can, however, be used in Spanish when the verb is used impersonally (ie. no reference to **me, you** etc.)

   Es imposible hacerlo mañana.
   It is impossible to do it tomorrow.

   Es preciso pagar mañana.
   It is essential to pay tomorrow.

3. Expressions of certainty do not take the subjunctive except when used negatively.

   Es cierto que irá. It is certain he will go.
   No es cierto que **vaya.** It is not certain he will go.

7. ¡TODO LO CONTRARIO!

Learning opposites is a very effective way of remembering words and increasing your vocabulary. You will also find it easier to learn words in the context of a sentence.

divertirse (ie) - to enjoy oneself
aburrirse - to get bored

acostarse (ue) - to go to bed
despertarse (ie) - to wake up
levantarse - to get up

igual - alike
mismo, -ma - same
diferente - different
distinto,-ta - different

dentro - inside
fuera - outside

joven - young
viejo, -ja - old

tarde - late
temprano - early

ir a + infin. - to be going to + infin.
acabar de + infin. - to have just + past participle

Estos zapatos no son **iguales**; son **diferentes.**
These shoes are not the same; they are different.

No es el **mismo** estilo. Es **distinto.**
It is not the same style. It is different.

Mi primo es **joven** y mi prima es **joven.** Son **jóvenes.**
My male cousin is young and my female cousin is young. They are young.

El lunes no podemos **acostarnos tarde.** El martes tenemos que **levantarnos temprano.**
On Monday we cannot go to bed late. On Tuesday we have to get up early.

Van a visitar el centro.
They are going to visit the center.

Acaban de visitar el centro.
They have just visited the center.

8. VOCABULARIO

el almacén: department store
el dependiente: salesman
la dependienta: saleswoman
el/la cliente: customer
el número: size, number
el estilo: style
el regalo: gift
el tacón: heel
el zapato: shoe
la moda: fashion
estar de moda: to be in fashion
mostrar (ue): to show
probar (ue): to try
la derecha: right
la izquierda: left
la escalera mecánica: escalator
conviene que: it is good that
¡qué lástima!: what a pity!
en cuanto: as soon as

pronto: soon
amable: kind
más: more
más vale que...: it is better that...
caer: to fall
el uso: use
rogar: to ask
divertirse(ie): to enjoy oneself
aburrirse: to get bored
distinto, -ta: different
diferente: different
igual: alike
mismo,-ma: same
despertarse (ie): to wake up
levantarse: to get up
acostarse (ue): to go to bed
dentro: inside
fuera: outside
el programa: program

9. EJERCICIOS

A. CONTESTAR SEGUN EL DIALOGO DE LA UNIDAD 18.

1. ¿Cuál es la primera pregunta del dependiente?
2. ¿Qué contesta el señor?
3. ¿Qué sabemos de los zapatos?
4. ¿Qué número quiere?
5. El dependiente se va. ¿Por qué?
6. ¿Cómo reacciona el cliente? ¿Por qué reacciona así?
7. El dependiente tiene una idea. ¿Cuál es?
8. Describa los zapatos ideales del señor. Empiece "Es esencial que..."
9. El cliente es el que tiene una idea ahora. ¿Cuál es?
10. ¿Cuál es la sección del almacén que el cliente necesita ahora?

B. COMPLETAR CON LA PARTE CORRECTA DEL VERBO INDICADO , AL SUBJUNTIVO.

1. Queremos que usted______(abrir) la puerta.
2. Prefiero que ellos_______(beber) cerveza.
3. Quieren que tú _____ (reservar) una mesa.
4. Quiere que ustedes_____ (comprar) unas flores.
5. Decimos que ella ______(mirar) el programa.
6. Rogamos que ustedes ______(llegar) a las dos.
7. Quieren que ellos_____(probar) la carne.
8. Quiero que ellas ______(pagar) la cuenta.
9. Prefiero que tú______(buscar) el vino.
10. Dicen que nosotros______(pedir) otro café.

C. COMPLETAR CON LA PARTE CORRECTA DEL VERBO INDICADO, AL SUBJUNTIVO.

1. Estamos contentos de que ella _____ (venir).
2. Estamos contentos de que ustedes ______(aceptar) el regalo.
3. Estamos contentos de que él ________(preferir) este restaurante.
4. Están contentos de que nosotros_______ (visitar) el museo.
5. Estoy contento de que usted _____(vivir) aquí.
6. Sentimos que ellos no _____ (poder) venir.
7. Siento que nosotros______(tener) que irnos.
8. Sienten que el coche no ______(funcionar).
9. Es mejor que ella______(preparar) la cena.
10. Conviene que los niños no______(ir) al almacén.

D. COMPLETAR CON LA PARTE CORRECTA DEL VERBO INDICADO, AL SUBJUNTIVO.

1. Me dicen que yo______(telefonear) a mi madre.
2. Te dice que tú_____(buscar) las llaves.
3. Nos dicen que nosotros ______(hablar) con el dependiente.
4. Me ruegan que_____ (pedir) la hora.
5. Les ruego que ______(cerrar) la ventana.

UNIDAD 19

¡QUE APROVECHE!

BON APPETIT!

Esta tarde Pablo y Laura Martínez han invitado a Fina, David, Anita Vázquez y a Alberto, el primo de Pablo a quien Anita conoció en Sevilla. Están cenando en un restaurante. En la mesa se ven copas, vasos, tenedores, cucharas, cuchillos, muchas tapas (chorizo, aceitunas, croquetas, jamón, pulpo, calamares, butifarra, y botellas de vino tinto y agua mineral).

This evening Pablo and Laura Martínez have invited Fina, David, Anita Vázquez and Alberto, Pablo's cousin whom Anita met in Sevilla. They are having dinner in a restaurant.

On the table can be seen wine glasses, glasses, forks, spoons, knives, many appetizers (salami, olives, croquettes, ham, octopus, squid, sliced sausage and bottles of red wine and mineral water).

Señora Martínez **¡Salud, amor y pesetas!**
Health, wealth and happiness!
{Literally: Health, love and wealth!}

Alberto **¡A la Ciudad de México!**
To Mexico City!

David **¡A México!**
To Mexico!

Señora Martínez **¡Al Estudiante del año, al mejor estudiante que ha aprendido tanto español!**
To the Student of the Year, to the best student, who has learned so much Spanish!

Fina **Alberto, me alegro de que hayas venido aquí ...¡A todos los que vienen a visitar nuestro país!**
Alberto, I'm glad you've come here ... To all who come to visit our country!

David **A mis profesores y a estos amigos tan buenos.**
To my teachers and real good friends.

Señora Martínez **Alberto, sírvete, toma más pulpo, o calamares o lo que quieras.**
Alberto, help yourself, have some more octopus or squid or whatever you like.

Señor Martínez **¿Te echo más vino? No hagas ceremonias. Estás en tu casa.**
Shall I give you more wine? Don't stand on ceremony. Make yourself at home.

Alberto **¿Más vino? Bueno, un poco ... gracias.**
More wine? Well, a little ... thanks.

Fina **¿David, estás mejor? Estuvimos los dos en la consulta de Don Ignacio, ¿te acuerdas?**
David, are you better? We were both at Don Ignacio's office. Do you remember?

David **Sí, ya estoy mejor, casi. Don Ignacio dice que no es nada grave.**
Yes, I'm better now, almost. Don Ignacio says it's not anything serious.

Señora Martínez **Fina, ¿tú no estás bien? ¿Dices que estuviste en la consulta?**
Fina, you're not well? You were at the doctor's office.

Fina **¿Yo? Desde hace un par de meses no tengo ganas de salir, ya lo sabes, Laura. No me interesa nada. Estoy cansada.**
Me? For a couple of months I've not wanted to go out, you know, Laura. I'm not interested in anything. I'm tired.

Señora Martínez	**Y ¿qué dice que es?** And what does he say it is?
Fina	**¡Estrés! (risas) Dice que no tome alcohol (más risas), que pase el día leyendo, que me acueste temprano, que coma mucha fruta, que no vaya al trabajo ... ¡Qué floja!** ¿verdad?** Stress! (laughter) He tells me not to have any alcohol (more laughter), to spend the day reading, to go to bed early, to eat a lot of fruit, and not to go to work. How lazy! Don't you think so?
Señor Martínez	**¡Caramba! ¿Que no tomes alcohol? ¿Entonces te echo más vino? (más risas)** Oh boy! Not to have any alcohol? Shall I give you more wine then? (more laughter)
Fina	**En serio, no puedo.** Seriously, I can't.
Señor Martínez	**En serio, el vino es bueno para la salud.** Seriously, wine is good for one's health.
Fina	**David, ¿qué te dijo Don Ignacio?** David, what did Don Ignacio say to you?
David	**Francamente ... pues no lo sé ... tonterías.** Honestly ... I don't know ... nonsense.
Alberto	**¡No me digas! Cuéntanos lo que dijo.** You don't say! Tell us what he said.
Anita	**No seas tan curioso. Tal vez no quiera decírnoslo.** Don't be so nosy. Maybe he doesn't want to tell us.
David	**Estaba fatal. ¿Y qué me dijo? Tiéndete sobre la cama, te voy a hacer un reconocimiento ... y luego le dije, "me duele el vientre, me duelen los oídos y quiero algo que me quite el dolor".** I felt dreadful. And what did he say to me? Lie down on the bed ... I'm going to examine you ... and then I told him, "I've a stomachache, earache and I want something to take away the pain."
Alberto	**¿Te dio antibióticos?** Did he give you antibiotics?
David	**¡Ni hablar! Dijo ... no me acuerdo de la palabra ...** No way! He said ... I can't remember the word ...

Señor Martínez **¿Fiebre glandular? ¿Apendicitis?**
Glandular fever? Appendicitis?

David **A ver ... Sí, enfermo.... enfermedad, que es una enfermedad común entre los estudiantes. Ese loco cree que estoy nervioso ... por los exámenes. (risas)**
Let's see ... Yes, ill..., illness, that it's a common illness among students. That madman thinks I'm uptight because of the exams. (laughter)

Fina **Y tú, Estudiante del año y todo.**
And you, Student of the year and all.

David **Y dijo, "trata de descansar, acuéstate temprano, no salgas de noche, ni vayas a fiestas, toma vitaminas, y no tomes alcohol."**
He said, "Try to rest, go to bed early, don't go out at night or to parties, have some vitamins and don't have any alcohol."

Fina **Lo mismo que a mí. (risas)**
The same as he said to me. (laughter)

David **Lo peor fue que dijo que esta enfermedad es muy común entre los estudiantes que no se han preparado para los exámenes.**
The worst thing was that he said that this illness is very common among those students who have not gotten ready for the examinations.

Señor Martínez **En tu caso no creo que sea verdad.**
In your case I don't think it's true.

Alberto **No hay nadie que estudie tanto como David.**
There's nobody who studies as much as David.

Fina **¡Qué loco, este Don Ignacio!**
What a madman, this Don Ignacio !

Señor Martínez **¡Oiga! (al camarero) Traiga más vino. Esta noche tenemos que celebrar la llegada de Alberto.**
Hey (to the waiter), bring more wine. Tonight we have to celebrate Alberto's arrival.

Alberto	**Y los buenos resultados de David.** And David's good results.
Señora Martínez	**Y que se mejoren Fina y David ... ¡Salud!** And Fina and David's recovery ... Cheers!

In Spain **perezoso, -sa would be used; **flojo, -ja** is more common in Latin America.

1. PRONUNCIACION

que aproveche (ke apro**be**che)
aceitunas (athey**too**nas)
croquetas (kro**ke**tas)
jamón (**xamon**)
pulpo (**pool**po)
calamares (kala**ma**res)
butifarra (bootee**fa**rra)
agua mineral (**ag**wa meene**ral**)
con gas (kon gas)
sin gas (seen gas)
salud (sa**lood**)
risas (**ree**sas)
país (pa**ees**)
sírvete (**seer**bete)
echo (echo)
no hagas ceremonias (no agas there**mon**yas)
te acuerdas (te a**kwer**das)
un par (oon par)
caramba (ka**ram**ba)
no me digas (no me **dee**gas)
cuéntanoslo (**kwen**tanoslo)
decírnoslo (de**theer**noslo)
antibióticos (anteebee**o**teekos)
exámenes (ek**sa**menes)
nervioso (ner**byo**so)

2. EL PRESENTE DE SUBJUNTIVO: USO - después de un antecedente indefinido.

The Present Subjunctive is used after an indefinite antecedent (i.e when **which** or **who** refers to someone or something vague, who/which may not even exist).

Busco **algo que** quite el dolor.
I'm looking for something to take away the pain. (of such a kind as may...)

Necesito **un intérprete** que sepa hablar japonés.
I need an interpreter who can speak Japanese. (of such a kind as can...)

Te daré lo que **quieras.**
I'll give you what you want. (what you may happen to want)

Quiero un empleo **que sea** bien pagado e interesante.
I want a job that is well paid and interesting. (of such a kind as may be...)

Busco una casa **que tenga** una piscina y pista de tenis.
I am looking for a house with a swimming pool and tennis court. (of such a kind as may happen to have...)

Contrast the above which all mean "of such a kind as may be/have," referring to things not actually known to exist, with the following which refer to a specific identifiable person or object.

Busco la medicina que quita el dolor.
I'm looking for the medicine that takes away the pain.

Busco la casa que tiene una piscina y una pista de tenis.
I'm looking for the house with a swimming pool and tennis court.

Necesito al intérprete que sabe hablar japonés.
I need the interpreter who can (knows how to) speak Japanese.

Note that personal a is used in this last example to refer to a specific person.

3. EL PRESENTE DE SUBJUNTIVO: USO - después de un antecedente negativo.

The Present Subjunctive is used after a negative antecedent:

No hay nada que podamos hacer.
There is nothing that we can do. (= of such a kind as we may be able to do)

No encuentro a nadie que me ayude.
I cannot find anyone who can help me. (= of such a kind as may be able to help me)

No hay nadie que sepa lo difícil que es.
There is nobody who knows how difficult it is. (= of such a kind as may happen to know)

4. EL PRESENTE DE SUBJUNTIVO: después de quizá(s), tal vez.

The present subjunctive is often used after **quizá(s)** and **tal vez** (meaning maybe).
Normally this is when there is a considerable amount of doubt or uncertainty about the outcome.

Quizás **sepan** algo. Maybe they know something.

Quizás **saben** algo. Maybe they know something.

In the first example it is seen as less likely that they will know something.

5. EL PRESENTE DE SUBJUNTIVO: después de no creer, no decir, dudar.

The present subjunctive is used after verbs of thinking and saying used in the negative or question form.

No creo que **llueva**.
I don't think it will rain.

No digo **sea** imposible.
I'm not saying it is impossible.

¿Creen ustedes que este país **sea** rico?
Do you think this country is rich?

Dudo que **tengamos** tiempo.
I doubt whether we have time.

6. EL PRESENTE DE SUBJUNTIVO: después de para que, de modo que.

The present subjunctive is used after **para que, de modo que** to indicate purpose.

Se lo explicaré **para que** lo **sepas.**
I'll explain it to you so that you know.

Vamos al almacén **para que busquen** los zapatos.
We'll go to the store so you can look for shoes.

7. PERFECTO DE SUBJUNTIVO

The Perfect Subjunctive is formed from the Present subjunctive of **haber** (**haya, hayas, haya, hayamos, hayáis, hayan**) together with the Past Participle of the verb concerned. It is used in the same circumstances as the Present subjunctive, but when the tense is Perfect (have, has eaten/left etc.).

Siento que no **hayas podido** comprarlo.
I'm sorry <u>you have</u> not been able to buy it.

Es imposible que no se **hayan** acordado.
It is impossible that they <u>have</u> not remembered.

No creo que **hayamos** perdido la dirección.
I do not think we <u>have</u> lost the address.

8. EL IMPERATIVO: posición del pronombre

Pronouns (direct / indirect object and reflexive) follow the command.

¡Démelo!	Give it to me!
¡Levántese!	Get up!
¡Dígame!	Hello! (on answering the telephone)
¡Cuéntanoslo!	Tell us! (it)

However, they precede the negative command.

¡No me lo des!	Don't give it to me!
¡No se levante!	Don't get up!
¡No me diga!	You don't say!

Note (a) in Peninsular Spanish (of Spain), where **vosotros, -tras** is used:

1. In reflexive verbs when -os is added to the **vosotros, -tras** form command, the final -d is dropped:

¡levantáos!	get up!
¡sentáos!	sit down!

2. The addition of an extra syllable or more may lead to a verb requiring a written accent. Revise the accentuation rules given in the introduction.

9. VOCABULARIO

¡que aproveche!: bon appetit!
el chorizo: salami-style sausage
el pulpo: octopus
los calamares: squid
la aceituna: olive
la butifarra: sausage
la croqueta: croquette
el agua mineral con gas: carbonated mineral water
el agua mineral sin gas: still mineral water
la salud: health
¡salud!: cheers!
la risa: laughter
el país: country
echar: to pour; also to throw
hacer ceremonias: to stand on ceremony
estás en tu casa: make yourself at home
servirse (i): to help oneself (at table)
¿te acuerdas?: do you remember?
un par: a pair
¡caramba!: oh boy!
en serio: seriously
contar: to tell, relate
¡no me digas!: you don't say!
el antibiótico: antibiotic
ya: now,already
entonces: so; then
loco, -ca: crazy
celebrar: to celebrate
el resultado: result
mejorarse: to get better
estar nervioso, -sa: to be uptight, nervous
quitar: to take away
el dolor: pain
el intérprete: interpreter
interesar: to interest
temer: to fear

inteligente: intelligent
económico, -ca: economical
tal vez: maybe, perhaps
rico, -ca: rich
flojo, -ja: lazy
perezoso, -sa: lazy
el vaso: glass
la copa: wine glass, sherry glass, etc.
el cuchillo: knife
el tenedor: fork
la cuchara: spoon
alquilar: to hire, to rent

10. EJERCICIOS

A. CONTESTAR SEGUN EL DIALOGO DE LA UNIDAD 19.

1. ¿Qué se dice al empezar a comer?
2. ¿Qué hacen los Martínez, Fina, David, Anita y Alberto?
3. Describa lo que hay en la mesa.
4. ¿Quién es Alberto?
5. El Señor Martínez quiere que Alberto tome más vino. ¿Qué más le dice?
6. ¿Quiénes habían estado enfermos?
7. ¿Hace mucho tiempo que Fina está enferma?
8. ¿Cuál es la enfermedad de Fina?
9. ¿Cuál es la opinión que David tiene respecto a Don Ignacio?
10. ¿Por qué cree usted que no sea verdad que David no se haya preparado para los exámenes?

B. TRANSFORMAR, CAMBIANDO AL SUBJUNTIVO EL VERBO INDICADO.

Ejemplo
No conozco a nadie que ______ ir a España.
No conozco a nadie que vaya a España.

1. No conozco a nadie que ______ tener tanto dinero.
2. No conozco a nadie que me ______ decir la verdad.
3. No conocemos a nadie que ______ querer venir.

4. No vemos a nade que ______ poder ayudarnos.
5. No hay nada que le ______ gustar.
6. No hay nada que ellos ______ temer más.
7. No hay nada que ellos ______ preferir.
8. No hay nada que les ______ ser interesante.
9. No tenemos nada que te ______ interesar.
10 No podemos regalarles nada que ya no ______ tener.

C. *TRANSFORMAR, CAMBIANDO AL SUBJUNTIVO EL VERBO INDICADO.*

1. Buscamos unos estudiantes que ______ querer aprender.
2. Busco unas secretarias que ______ ser simpáticas e inteligentes.
3. Buscan un coche que ______ ser económico.
4. El médico quiere hablar con un intérprete que ______ hablar ruso.
5. Quiero hablar con alguien que me ______ ayudar.
6. Queremos llamar a alguien que nos ______ aconsejar.
7. Queremos invitar a alguien que ______ querer conocer la ciudad.
8. Prefiero ver a un médico que ______ comprender la situación.
9. Prefiero un empleo que ______ tener muchas vacaciones.
10. Es necesario alquilar un apartamento que ______ estar en el centro.

D. *CONTESTAR EN LA FORMA NEGATIVA.*

1. ¿Cree que cueste mucho ir a la India?
2. ¿Cree usted que vaya este año a Argentina?
3 ¿Creen ellos que yo no haya preparado la cena?
4. ¿Cree usted que no funcione el radio?
5. ¿Creen sus amigos que usted sea muy inteligente?

UNIDAD 20

REPASO DE UNIDADES 17-19

REVIEW OF UNITS 17-19

1. VOLVER A LEER EN VOZ ALTA LOS DIALOGOS 17-19.

Diálogo 17 ¿ME VOY A MORIR?

Don Ignacio Buenos días, señora. ¿Cómo está?

Fina Estoy fatal. No puedo hacer nada, ... absolutamente nada...

Don Ignacio Tiéndase sobre la cama. ¿Qué le duele? Le voy a hacer un reconocimiento.

Fina Me duele la cabeza, me duele el vientre, me duele la espalda, me duele la garganta, me duelen los oídos ...

Don Ignacio ¿Tiene fiebre?

Fina Pues no lo sé. No puedo trabajar, y tengo tanto que hacer en la oficina. No puedo hacer nada, y si no estoy allí nadie hace nada.

Don Ignacio Espere. Usted tranquila.

Fina Tomar calmantes, ¿yo? ¡Ni hablar! ¡Jamás!

Don Ignacio Déjeme hablar. Mire usted ...

Fina Pero ...

Don Ignacio Deje de pensar que los otros no valen nada.

Fina ¡Pero es verdad!

Don Ignacio Vuelva a casa. Tome un libro. Pase el día leyendo. Descanse usted. Coma mucha fruta y carne, muchas proteínas y vitaminas. No beba alcohol. No piense en el trabajo. Acuéstese temprano. Levántese tarde.

Fina Pero me duele todo. ¿No me da medicina?
Don Ignacio Es cuestión de estrés, nada más. Siga usted mis consejos. Vuelva en ocho días. ¿Está bien?
Don Ignacio Hola David, ¿Cómo estás? ¿Cómo está tu mamá?
David Fatal. Es la primera vez que estoy así. ¿Me voy a morir?
Don Ignacio Tiéndete sobre la cama. Te voy a hacer un reconocimiento.... ¿Te duele aquí?
David Mucho. Muchísimo.
Don Ignacio ¿Te duele aquí?
David Allí también. Me duelen los ojos, me duele el vientre, me duelen las piernas, la espalda. Tengo fiebre.
Don Ignacio Mira, no es el primer caso que veo yo. Es una enfermedad bastante común.
David ¿Me voy a morir? ¿Será apendicitis?
Don Ignacio Espera. Tú tranquilo. Déjame hablar.
David ¿Será necesario ir de vacaciones?
Don Ignacio En absoluto. Es una enfermedad muy común. Se ve mucho entre los estudiantes.
David ¿Será fiebre glandular?
Don Ignacio No, no, no. Ni fiebre glandular, ni apendicitis. Toma mucho líquido, pero de alcohol nada. Trata de descansar. Acuéstate temprano. Toma vitaminas. No salgas de noche, ni vayas a fiestas.
David ¿Es grave lo que tengo?
Don Ignacio Te digo que no es grave. Es una enfermedad muy común entre los estudiantes ...
David ¡Dios mío! ¿Qué será?
Don Ignacio Sobre todo entre los que no se han preparado para los exámenes.
David Bueno, trataré de seguir sus consejos.
Don Ignacio Sobre todo, no tomes alcohol. ¿Está bien?

Diálogo 18 ¿QUÉ DESEA?

El Dependiente ¿Qué desea?
El Cliente Quisiera probar unos zapatos.
El Dependiente Sí, señor. ¿Cuáles?
El Cliente Aquellos, a mano derecha, los negros.
El Dependiente ¿Qué número?
El Cliente La cuarenta y cuatro.
El Dependiente El cuarenta y cuatro en negro. No sé si quedan. Voy a ver.

Algunos minutos después, el dependiente vuelve sin zapatos.

El Dependiente Lo siento. No quedan.
El Cliente ¡Qué lástima! Hace mucho tiempo que quiero comprar este estilo.
El Dependiente Si quiere dejar su nombre le puedo llamar cuando lleguen más zapatos.
El Cliente Ud. es muy amable.
El Dependiente O si prefiere, puede probar otro estilo.
El Cliente A ver. Es esencial que sean negros. Prefiero que tengan el tacón no demasiado grande ... y conviene que no cuesten demasiado.
El Dependiente Si quiere que le muestre otros ... es posible que le gusten éstos, que están muy de moda.
El Cliente Más vale que me llame cuando tenga más.
El Dependiente Muy bien señor. Antes de que se vaya, voy a escribir su nombre ... o si usted quiere escribir aquí su nombre y su número de teléfono, le llamaremos en cuanto los tengamos.
El Cliente Aquí, mi nombre y mi número de teléfono. Muchas gracias. Y oiga, ¿dónde podré encontrar la sección de regalos ... recuerdos, o lo que sea?
El Dependiente Pase por allí ... Allí está la escalera mecánica. Suba hasta la tercera planta.
El Cliente Gracias. Adiós. Hasta otro día. ¡Que me llame pronto!

Diálogo 19 ¡QUE APROVECHE!

Señora Martínez ¡Salud, amor y pesetas!
Alberto ¡A la Ciudad de México!
David ¡A México!
Señora Martínez ¡Al Estudiante del año, al mejor estudiante que ha aprendido tanto español!
Fina Alberto, me alegro de que hayas venido aquí ...¡A todos los que vienen a visitar nuestro país!
David ¡A mis profesores y a estos amigos tan buenos!
Señora Martínez Alberto, sírvete, toma más pulpo, o calamares o lo que quieras.
Señor Martínez ¿Te echo más vino? No hagas ceremonias. Estás en tu casa.
Alberto ¿Más vino? Bueno, un poco ... gracias.
Fina ¿David, estás mejor? Estuvimos los dos en la consulta de Don Ignacio, ¿te acuerdas?
David Sí, ya estoy mejor, casi. Don Ignacio dice que no es nada grave.

Señora Martínez	Fina, ¿tú no estás bien? ¿Dices que estuviste en la consulta?
Fina	¿Yo? Desde hace un par de meses no tengo ganas de salir, ya lo sabes, Laura. No me interesa nada. Estoy cansada.
Señora Martínez	Y ¿qué dice que es?
Fina	¡Estrés! (risas) Dice que no tome alcohol (más risas), que pase el día leyendo, que me acueste temprano, que no vaya al trabajo ... ¡Qué floja! ¿verdad?
Señor Martínez	¡Caramba! ¿Que no tomes alcohol? ¿Entonces te echo más vino? (más risas)
Fina	En serio, no puedo.
Señor Martínez	En serio, el vino es bueno para la salud.
Fina	David, ¿qué te dijo Don Ignacio?
David	Francamente ... pues no lo sé ... tonterías.
Alberto	¡No me digas! Cuéntanos lo que dijo.
Anita	No seas tan curioso. Tal vez no quiera decírnoslo.
David	Estaba fatal. ¿Y qué me dijo? "Tiéndete sobre la cama, te voy a hacer un reconocimiento" ... y luego le dije, "me duele el vientre, me duelen los oídos y quiero algo que me quite el dolor".
Alberto	¿Te dio antibióticos?
David	¡Ni hablar! Dijo ... no me acuerdo de la palabra ...
Señor Martínez	¿Fiebre glandular? ¿Apendicitis?
David	A ver ... Sí, enfermo.... enfermedad, que es una enfermedad común entre los estudiantes. Ese loco cree que estoy nervioso ... por los exámenes. (risas)
Fina	Y tú, Estudiante del año y todo.
David	Y dijo, "trata de descansar, acuéstate temprano, no salgas de noche, ni vayas a fiestas, toma vitaminas, y no tomes alcohol".
Fina	Lo mismo que a mí. (risas)
David	Lo peor fue que dijo que esta enfermedad es muy común entre los estudiantes que no se han preparado para los exámenes.
Señor Martínez	En tu caso no creo que sea verdad.
Alberto	No hay nadie que estudie tanto como David.
Fina	¡Qué loco, este Don Ignacio!
Señor Martínez	¡Oiga! (al camarero) Traiga más vino. Esta noche tenemos que celebrar la llegada de Alberto.
Alberto	Y los buenos resultados de David.
Señora Martínez	Y que se mejoren Fina y David ... ¡Salud!

2. HACER LOS SIGUIENTES EJERCICIOS.

A. CAMBIAR EL PRESENTE AL IMPERFECTO, O EL PERFECTO AL PLUSCUAMPERFECTO, COMO EN LOS EJEMPLOS.

Elena dijo ellos quieren cenar.
Elena dijo que ellos querían cenar.

Juan dijo han tenido que irse.
Juan dijo que habían tenido que irse.

1. Dijeron...no hemos podido hacerlo.
2. Dijo a su amigo...hay mucha gente en la consulta.
3. Le dije... he escrito la carta.
4. Les dijimos...el tren ha salido.
5. Mi novia dijo...ya no quiere casarse conmigo.

B. CAMBIAR AL PRESENTE DE SUBJUNTIVO EL VERBO INDICADO.

1. Es preciso que los estudiantes__________(aprender) mucho.
2. No digo que vosotros ______________(ser) flojos.
3. ¿Queréis que yo __________(venir) a ayudaros?
4. ¿Cree este loco que nosotros no ______ (tomar) vino?
5. No creo que________(tener) usted razón.
6. Es muy importante que ellos _______(pagar) en seguida.
7. Más vale que ustedes ______ (seguir) los consejos del médico.
8. Dudo que él______ (haber) dicho eso.
9. Prefiero que la casa no _______ (estar) sucia.
10. Quizá no lo_________ (saber) sus padres.

C. TRADUCIR AL ESPAÑOL.

1. They are very sad you cannot visit them this year.
2. Do they want me to buy the red wine?
3. My teacher is happy that I want to study a lot.

4. He tells the waiter to bring the squid.
5. They ask María and Carmen not to arrive late.
6. Our friend wants us to try the sausage.
7. I do not know anyone who knows where it is.
8. We do not know anyone who is coming.
9. I do not know anyone who gets up early.
10. He does not know anyone who does not have flu.
11. He tells me to decide.
12. There is nothing that I like more.
13. It is likely they will arrive to-night.
14. It is better for you to go home.
15. It is possible I'll have to stay here.
16. It is best for you not to speak.
17. It is possible they have seen me.
18. Is it possible we can have arrived?
19. It is necessary for him to come at once.
20. There is nothing more that can be done.
21. I do not think the interpreter will arrive at nine o'clock.
22. I doubt whether it is true.
23. He wants to talk to me before they arrive.

D. COMPLETAR CON LA FORMA CORRECTA DEL PRESENTE DE SUBJUNTIVO.

1. Podremos ir allí cuando__________ (hacer) sol.
2. Podrás hacerlo cuando________(ser) mayor.
3. No voy a hacerlo hasta que_____ (volver) ellos.
4. Antes de que______ (haber) algún accidente, dámelo.
5. No queremos que tú ______(irse).
6. En cuanto _______(tener) yo los detalles, le escribiré.

E. CAMBIAR AL IMPERATIVO (LA FORMA DE USTED).

1. mirar
2. oír, es Juan
3. decir
4. no ser flojo
5. pedir otro café
6. explicármelo

F. CAMBIAR AL IMPERATIVO (LA FORMA DE USTEDES).

1. no fumar
2. volver por allí
3. no decir eso
4. pedir otro té
5. buscar un taxi

G. CAMBIAR AL IMPERATIVO (LA FORMA DE TU).

1. subir hasta el cruce
2. bajar al centro
3. sacar las entradas
4. levantarse
5. probar estos zapatos

H. CAMBIAR AL IMPERATIVO (LA FORMA DE USTEDES).

1. llamar por teléfono
2. salir a la calle
3. escribir el número de teléfono
4. no hablar tan rápidamente
5. levantarse

CLAVE

KEY

UNIDAD 1

A.

1. una
2. un
3. un
4. una
5. una
6. una
7. un
8. una
9. un
10. un

B.

1. es
2. no es
3. es
4. no es
5. es

C.

1. una
2. un
3. una
4. una
5. un

D.

1. la
2. el
3. la
4. el
5. el

UNIDAD 2

A.

1. No, no soy de Madrid.
2. No, no soy de Nueva York.
3. No, no soy de Londres.
4. No, no soy canadiense.
5. No, no estudio francés.
6. No, no soy español. (española)
7. No, no trabajo en París.
8. No, no trabajo en un banco.

B.

1. alto
2. esta
3. chilena
4. americano
5. francés
6. rusas
7. pequeña
8. ridículo
9. bajas
10. italiana

UNIDAD 3

1. Sí, tiene un billete para el avión.
2. Está en el bolso de Anita.
3. No. Viaja con una maleta pequeña.
   o No viaja con una maleta grande sino con una maleta pequeña.
4. Tiene una falda, un suéter, unas blusas, un pantalón, zapatos deportivos.
5. Tiene tarjeta de identidad.
6. Va a Sevilla, en España.
7. Va a ir en taxi.
8. No. No sale hoy. Sale mañana.
9. Va a salir a las tres.
10. Anita vuelve en ocho días.
11. No. David no va a viajar. Va a estudiar.
    o No va a viajar sino estudiar.
12. Sí, David es muy curioso.
13. No, no voy de viaje hoy.
14. Tomo un taxi / un autobús / el metro.
    o No tomo un taxi sino un autobús / el metro.

UNIDAD 4

A.

uno, dos, tres, cuatro, cinco, seis, siete, ocho, nueve, diez.

B.

a) Es la una.

b) Son las dos y diez (minutos).

c) Son las ocho y media.

d) Son las cinco y cuarto.

e) Son las diez menos cuarto.

f) Son las siete y veinte minutos.

g) Son las once menos veinticinco.

h) Es mediodía.

i) Son las doce y media.

C.

1. Está en casa.
2. Llama por teléfono a su amiga Fina.
3. Es viernes.
4. Fina tiene una agenda.
5. Son muy simpáticos.
6. Van primero al teatro.
7. Después van a un restaurante.
8. Fina no quiere ir. Está cansada.
9. Son las ocho.
10. Los amigos de los Martínez vienen a las ocho y media.

UNIDAD 5

A.

trece, catorce, quince, dieciséis, diecisiete, dieciocho, diecinueve, veinte, veintiuno, veintidós, veintitrés, veinticuatro, veinticinco, veintiséis, veintisiete, veintiocho, veintinueve, treinta.

B.

a) veintitrés

b) treinta y uno

c) treinta y seis

d) cuarenta y dos

e) cincuenta y cinco

f) sesenta y tres

g) setenta y cuatro

h) ochenta y ocho

i) noventa y nueve

j) cien

k) ciento veintiséis

C.

lunes, martes, miércoles, jueves, viernes, sábado, domingo.

D.

1. El empleado es puntual.
2. Sí. Tienen mucho trabajo.
3. Van a mandar cartas por telefax.
4. Tienen que mandar ciento veinticinco cartas.
5. No tarda mucho. Tiene su ordenador.
6. El empleado va a sentarse.
7. Tienen la lista de clientes, y la lista de números de telefax.
8. Va a llamar a la secretaria del jefe.
9. No lo sé. El jefe pregunta si está hablando con sus amigas.
10. Va a llamar a la secretaria ahora mismo.

UNIDAD 6

A.

1. el diálogo
2. los bancos
3. las escuelas
4. la clase
5. el boleto/el billete
6. el centro
7. la falda
8. el autobús
9. el taxi
10. la hora

11. el día
12. las guías
13. la tarde
14. la noche
15. el restaurante
16. el hotel
17. el trabajo
18. la oficina
19. la carta
20. los ordenadores
21. el jefe
22. la empleada
23. la lista
24. las sillas
25. la foto
26. la mujer
27. la moto
28. los hombres
29. el amigo
30. la agenda
31. el avión
32. las páginas
33. el teatro
34. el cine
35. las calles
36. el teléfono
37. el telefax
38. las vacaciones
39. los señores
40. el chico

B.

1. está
2. soy
3. sale
4. tengo
5. trabaja
6. va
7. sabemos
8. quiere
9. puedo
10. es
11. gran
12. alguna
13. por
14. son
15. cuándo

C.

1. tampoco
2. es
3. a
4. este
5. con
6. esposo
7. a
8. en
9. me
10. al

11. digo
12. vuelvo
13. empiezan
14. hablan
15. escribiendo
16. pongo
17. saben
18. conozco
19. viajamos
20. prefiero

UNIDAD 7

A.

1. Están sentados en la terraza de un café.
2. Alberto toma un café con leche, tostadas y un bollo con mermelada y mantequilla.
3. Anita toma té con limón y una magdalena.
4. No. No piensa hacer nada especial. Quiere pasear y ver la ciudad.
5. Están en Sevilla. Tiene una catedral, museos, monumentos y un río.
6. Nadie quiere tomar una siesta.
7. Alberto quiere ir al cine. Hay una película nueva.
8. Empieza a las diez.
9. Van a visitar algunos museos e ir de paseo.
10. Dice ¡Mozo! ¡Chsss!
11. Paga ochocientas noventa pesetas.
12. Dice, "Aquí tiene."

B.

1. las cuatro y cinco
2. las ocho y media
3. las seis y veinticinco
4. a las diez

C.

1. No viene nadie. / Nadie viene.
2. No ceno nunca.../ Nunca ceno.

3. No tenemos ninguna idea buena.
4. No deseo visitar ningún museo.
5. No tienen tapas tampoco.

UNIDAD 8

A.

1. Está en Santiago.
2. Tiene una reserva para una noche.
3. Habla con la recepcionista.
4. Necesita un bolígrafo para rellenar la ficha.
5. Tiene una maleta.
6. El mozo no lleva sus maletas.
7. Está en el cuarto piso/la cuarta planta.
8. Sí, tiene ascensor.
9. Sirven el desayuno de ocho a once.
10. Sí. Quiere llamar por teléfono.

B.

1. sí
2. pequeña
3. sentado
4. malo
5. tampoco
6. mucho
7. acabar
8. ninguno
9. algo
10. siempre
11. antiguo/viejo
12. venir
13. la mujer
14. el día
15. tener calor
16. allí

C.

1. su, sus
2. nuestros, nuestras
3. su, sus
4. nuestros, nuestro, nuestra
5. mi, mis

D.

1. quinta
2. sexta
3. segundo
4. cuarta
5. tercer

UNIDAD 9

A.

1. Está en Correos.
2. No. Quiero comprar sellos/timbres/estampillas.
3. Quería mandar dos cartas.
4. Hace falta pesar las cartas en una balanza.
5. No quiere mandar su paquete a París; a Roma tampoco. Quiere mandarlo a Nueva York.
6. Va a tardar ocho días en llegar.
7. Sabía que iba a costar bastante.
8. Son mil quinientos cincuenta pesos.
9. Tiene que escribir su dirección y el valor del contenido.
10. No tenía suelto.

B.

1. David la rellena.
2. La escribe.
3. Los compra.
4. No lo veo.
5. ¿Lo tiene?
6. Ahora la estudia.
7. No los veo.
8. Lo miramos.
9. Queremos abrirlas/ Las queremos abrir.
10. Los pido.

C.

1. ... por semana.
2. ... para Holanda.
3. ... por avión.
4. ... para mi jefe.
5. ¿ ... por aquí?
6. ... para mí.
7. ¿Para qué sirve ...?
8. ... por Madrid.
9. ... para poder hablar.
10. ... por el bolígrafo.

D.

1. Compraban mucho.
2. Hablábamos bastante.
3. Comía demasiado.
4. ¿Usted miraba al chico?
5. Llegaban para Semana Santa.
6. Bebía mucha agua fría.
7. Era interesante.
8. Veía el centro desde aquí.
9. Iba al aeropuerto.
10. Eran caros.

UNIDAD 10

A.

1. David tiene/tenía familia allí.
2. No quería ir.
3. Hacía buen tiempo, con cielo azul. No hacía calor, tampoco hacía frío.
4. El Señor Martínez pensaba esquiar en la sierra.
5. Las condiciones eran ideales. Había mucha nieve.
6. El Señor Martínez perdió el paraguas y el impermeable.
7. Hacía mal tiempo. Desapareció el sol. Se levantó el viento. Nevó.
8. Si hace frío se pone otro suéter.
9. Se queda en la ciudad.
10. No va porque no le apetece.

B.

1. Abrieron.
2. Comimos.
3. Visitó.
4. ¿Se levantaron?
5. Volví.
6. Perdió.
7. Pagué
8. Se quedó.
9. Busqué
10. Habló.

C.

1. Compró.
2. Volvieron.
3. Vivieron.
4. Salieron.
5. Desapareció.
6. Llegué.
7. Miré.
8. Busqué.
9. No me acordé.
10. Tomamos.
11. Comimos.
12. Habló.
13. Viajó.
14. Escribieron.
15. Preguntaron.

UNIDAD 11

A.

1. Van a comer en el campo con Lola y sus amigas.
2. Alberto habló con Lola ayer.
3. La llamó por teléfono anoche.
4. Van a ser cinco.
5. Dijo Lola que iban a traer plátanos, naranjas, bizcocho, vino y pastas.
6. Compró todo esto en una tienda pequeña o pequeña tienda.
7. Van a tener ganas de comer.
8. Preparó el postre, sacó platos, tenedores, cuchillos, cucharas, servilletas, y todo, e incluso el sacacorchos.
9. Dijo que no sabe/sabía cocinar.
10. Cree que son el enemigo del medioambiente.

11. Porque habla tanto del reciclaje, de recipientes vidrio, de gasolina sin plomo.
12. Dijeron que es necesario ahorrar energía.
13. Todo está preparado menos el pan.
14. Va a la panadería.
15. Dijo, "Ahora mismo vuelvo".

B.

1. El le dió...
2. Fueron ellos...
3. Tuve ...
4. Pudo ...
5. Pagué ...
6. No hizo nada ...
7. Busqué ...
8. Se dieron cuenta.
9. Fuimos...
10. No vino...
11. Estuvo...
12. Supe...

C.

1. ¿Dónde?
2. Sé.
3. Té.
4. Si.
5. Mi.
6. Más.

UNIDAD 12

A.

1. la
2. el
3. el
4. la
5. el
6. la
7. el
8. la
9. la
10. las
11. el
12. el
13. las
14. el
15. las
16. la
17. los
18. la
19. el
20. la

21. el (f)
22. el
23. la
24. las
25. los
26. el
27. el
28. las
29. la
30. los
31. las
32. la
33. los
34. el
35. el
36. las
37. los
38. los
39. el
40. las

B.

1. sacan
2. hablo
3. desayunamos
4. pago
5. salimos
6. bebo
7. escucha
8. miramos
9. compran
10. hacen
11. dice
12. ponen
13. ¿puede?
14. damos
15. decimos
16. sé
17. conoce
18. busco
19. mando
20. vamos
21. está
22. es
23. llama
24. contesto
25. empieza

C.

1. No. Van a comprar pan.
2. No. Va a volver.
3. No. Van a llegar.
4. No. Vamos a ir a Argentina.

5. No. Va a pagar.
6. No. Van a hacer algo.
7. No. Van a comer allí.
8. No. Vamos a tomar un taxi.

B.

1. Comíamos
2. Llegué
3. Dijo
4. Fue
5. Salió

UNIDAD 13

A.

1. Quería saber dónde estaba el museo.
2. Sí, sabe dónde está.
3. Está más cerca que el Hotel Carmona.
4. Doblar a la derecha, y después del semáforo tiene que pasar delante del hospital, tomar la primera a la izquierda y seguir todo recto. Al fondo encontrará el museo en frente.
5. No. Está a cincuenta metros.
6. No. Puede ir a pie.
7. Está detrás del colegio, después del puente.
8. No las ha sacado.
9. Hay que hacer cola.

B.

1. ha viajado
2. han recibido
3. ha pagado
4. hemos vuelto
5. he descubierto
6. ha podido
7. han abierto
8. ha dicho
9. han hecho
10. has visto
11. he roto
12. han puesto
13. hemos hecho
14. han vuelto
15. ha pasado

C.

1. en frente del
2. cerca del
3. entre
4. a mano derecha
5. lejos
6. delante del
7. a diez minutos a pie
8. a dos kilómetros de aquí
9. detrás
10. después del

D.

1. El castillo es más viejo que el ayuntamiento.
2. Es la ciudad más interesante de toda la región.
3. El hospital es el edificio más grande de la ciudad.
4. Es mi hermano mayor.
5. Son los mejores coches del mundo.

UNIDAD 14

A.

1. Están en casa de/Han ido a casa de los Martínez.
2. Están sentados.
3. Laura está sirviendo café.
4. Al Señor Martínez no le gusta mucho tomar café.
5. Antes de irse, Anita había dicho que quería visitar Madrid.
6. Fue a Madrid.
7. Dice que antes no había oído hablar de Sevilla.
8. Las niñas del cuadro son las señoritas de la foto.

B

1. francamente
2. realmente
3. desafortunadamente
4. concretamente
5. finalmente
6. rápidamente
7. lentamente
8. tristemente
9. solamente
10. simplemente

11. felizmente
12. completamente
13. maravillosamente
14. prácticamente
15. actualmente
16. evidentemente
17. lealmente
18. sinceramente
19. seguramente
20. ciertamente

C.

1. ... Ignacio había escrito la carta.
2. ... no lo había hecho.
3. ... habían pagado la cuenta.
4. ... había entrado en la estacíon.
5. ... habían pedido dinero a sus padres.
6. ... Ud. no había ayudado a sus primos.
7. ... habíamos leído el periódico.
8. ... no había llovido.
9. ... no había muerto.
10. .. habíamos comprado.

D.

1. No había podido ir.
2. No habían sacado las entradas.
3. Anita había olvidado las fotos.
4. David no había oído hablar de Sevilla.
5. Los padres de Pablo habían escrito una carta.
6. Laura había preparado el café.
7. Anita no había visitado Sevilla antes.
8. No habíamos querido tomar café.

E.

1. Before going shopping we have coffee.
2. Without looking, he crossed the street.
3. Do you like taking photographs?
4. After forgetting his telephone number she forgot his name.
5. On arriving, she lost her purse.

F.

1. Al llegar se sentó.
2. Me gusta mirar los periódicos.
3. Antes de comer tomamos/bebemos algo.
4. Después de visitar la ciudad, escribimos una carta.
5. Sin hacer una reserva, fue al aeropuerto.

UNIDAD 15

A.

1. Quería saber si la señorita había visto una maleta.
2. Era pequeña, gris y roja.
3. Sí. Hacía media hora que la buscaba.
   o: La buscaba desde hacía media hora.
4. Cree que la encontrará en Objetos Perdidos.
5. Había salido a las ocho.
6. Iría a Objetos Perdidos. Preguntaría si tenían la maleta.
7. No podría ir de vacaciones. Sería imposible. No podría ir a Roma. Tendría que quedarse allí. No llegaría al aeropuerto a tiempo.
8. Los turistas habían pensado que era suya.

B.

1. me darán
2. se levantará
3. recibirá
4. comenzará
5. abriremos
6. telefoneará
7. serán
8. haré

C.

1. estaré
2. visitará
3. vendrá
4. nos quedaremos
5. tendrá
6. sabrán
7. podremos
8. diremos

D.

1. Creyó ... haría.
2. Expliqué ... podría.
3. Preguntaron ... estaría.
4. Quisieron saber ... cerrarían.
5. Dijeron ... volverían.
6. Pregunté ... saldrían.
7. Quiso ... terminaría.
8. Creí ... tendrían.

E.

1. Llueve desde hace diez minutos.
   Hace diez minutos que llueve.
2. Vivimos aquí desde hace ocho años.
   Hace ocho años que vivimos aquí.
3. ¿Aprende español desde hace cuánto tiempo?
   ¿Hace cuánto tiempo que aprende español?
4. No trabaja desde hace cinco años.
   Hace cinco años que no trabaja.
5. Espera desde hace una hora.
   Hace una hora que espera.

UNIDAD 16

A.

1. lejos
2. tengo
3. a
4. salir
5. fui
6. él
7. no
8. podido
9. del
10. del
11. quisiera
12. saldremos
13. hace
14. tiene
15. llueve

B.

1. No, no he podido sacar las entradas.
2. No, no miro nada.
3. No, nadie quiere ayudarle.
   o: No quiere ayudarle nadie.
4. No, no tienen/tenemos ninguna idea del problema.

5. No, nunca pasa esto.
   No, no pasa esto nunca.
   No, esto no pasa nunca.

C.

1. ¿Qué ha dicho usted?
2. No he podido olvidarlo.
3. Nos hemos levantado a las siete.
4. Hemos bebido todo el vino.
5. No ha llamado nadie.
6. ¿Usted ha venido en coche?

D.

1. ¿Estoy bebiendo el suyo?
2. Vamos a vender la nuestra.
3. ¿Ha oído los míos?
4. Dejamos las nuestras en el hotel.
5. ¿Es éste el suyo?
6. Hemos perdido las mías.

E.

1. El teatro es más interesante que el cine.
2. Es el mejor vino del mundo.
3. Mi hermano mayor es más alto.
4. Conduce/Maneja más rápidamente que yo.
5. Es el peor estudiante del colegio.

F.

1. Mi prima está viajando mucho este mes.
2. La señora está hablando francés ahora mismo.
3. El agente está ayudando a muchos hoy.
4. Están comprando muchos helados este verano.
5. Los sobrinos están leyendo todo hoy mismo.

G.

1. Hablo español desde hace seis semanas.
   Hace seis semanas que hablo español.
2. Sé emplear el ordenador desde hace un mes.
   Hace un mes que sé emplear el ordenador.
3. Compran café descafeinado desde hace año y medio.
   Hace año y medio que compran café descafeinado.
4. Estaba enfermo desde hacía varios años cuando murío.
   Hacía varios años que estaba enfermo cuando murío.

UNIDAD 17

A.

1. Don Ignacio está allí porque es médico.
2. Fina, la amiga de Laura Martínez, está allí.
   David que es estudiante, también está allí.
3. Ella dice que está fatal, y que no puede hacer nada.
4. Quiere hacerle un reconocimiento a Fina.
5. Le duele casi todo: el vientre, la espalda, la garganta. También le duelen los oídos.
6. No hacen nada (en absoluto).
7. Dice que ella tiene que volver a casa, tomar un libro, pasar el día leyendo, descansar, comer mucha fruta y carne, muchas proteínas y vitaminas. Tiene que acostarse temprano, y levantarse tarde. No debe ni beber alcohol, ni pensar en el trabajo.
8. No le da medicina.
9. Es simplemente estrés.
10. Sí. Tiene que volver en ocho días.
11. Sí. Tiene fiebre. También le duele el vientre, y le duele la espalda y le duelen los ojos y las piernas.
12. David no tiene razón.
13. En absoluto.
14. Los estudiantes tienen aquella enfermedad, sobre todo los que no se han preparado para los exámenes.

15. “No tomes alcohol”.

16. Tiene que tomar mucho líquido, descansar, tomar vitaminas, no salir de noche, ni ir a fiestas, y acostarse temprano.

B.

1. toma, tomad
2. bebe, bebed
3. descansa, descansad
4. llega, llegad
5. sal, salid
6. ven, venid

C.

1. tomes
2. fumes
3. hables
4. mires
5. contestes
6. llegues

D.

1. el tuyo, el suyo
2. las nuestras, las tuyas
3. la mía, la vuestra
4. los suyos, las suyas
5. los míos, los suyos

UNIDAD 18

A.

1. “¿Qué desea?”
   o Quiere saber lo que desea/quiere el señor.
2. Dice, “Quisiera probar unos zapatos”
   o Dice que quiere comprar unos zapatos.
   o Dijo que quería comprar unos zapatos.
3. Sabemos que son negros y que están a mano derecha.
4. Quiere el cuarenta y cuatro.
5. Va a ver si quedan en el cuarenta y cuatro.
6. Está triste porque hace mucho tiempo que quiere comprar aquel estilo.
7. Cree que sería buena idea probar otro estilo.
8. Es esencial que sean negros, que tengan el tacón no demasiado grande, y que no cuesten demasiado.
9. Quiere que el dependiente le llame cuando tenga más zapatos.
10. Necesita la sección de Regalos o Recuerdos.

B.

1. abra
2. beban
3. reserves
4. compren
5. mire
6. lleguen
7. prueben
8. paguen
9. busques
10. pidamos

C.

1. venga
2. acepten
3. prefiera
4. visitemos
5. viva
6. puedan
7. tengamos
8. funcione
9. prepare
10. vayan

D.

1. telefonee
2. busques
3. hablemos
4. pida
5. cierren

UNIDAD 19

A.

1. ¡Que aproveche!
2. Están cenando en un restaurante.
3. Hay vasos, copas, cuchillos, cucharas, tenedores, vino, agua mineral, croquetas, aceitunas, butifarra, jamón, pulpo, chorizo y calamares.
4. Es el primo de Pablo Martínez. Anita Vázquez lo conoció en Sevilla, en España.
5. Le dice, "No hagas ceremonia. Estás en tu casa."
6. Fina y David habían estado enfermos.
7. Hace un par de meses que está enferma.
8. Su enfermedad es simplemente estrés.
9. Cree que está loco.
10. Creo que no es verdad porque David es Estudiante del año. Dicen que no hay nadie que estudie como David.

B.

1. tenga
2. diga
3. quiera
4. pueda
5. guste
6. teman
7. prefieran
8. sea
9. interese
10. tengan

C.

1. quieran
2. sean
3. sea
4. hable
5. ayude
6. aconseje
7. quiera
8. comprenda
9. tenga
10. esté

D.

1. No creo que cueste...
2. No creo que vaya...
3. No creen ellos que yo no haya preparado...
4. No creo que no funcione...
5. No creen que sea...

UNIDAD 20

A.

1. Dijeron que no habían podido hacerlo.
2. Dijo a su amigo que había mucha gente en la consulta.
3. Le dije que había escrito la carta.
4. Les dijimos que el tren había salido.
5. Mi novia dijo que ya no quería casarse conmigo.

B.

1. aprendan
2. seáis
3. venga
4. tomemos
5. tenga
6. paguen
7. sigan
8. haya
9. esté
10. sepan

C.

1. Están muy tristes que no les pueda/puedas visitar este año.
2. ¿Quieren que compre el vino tinto?
3. Mi profesor está contento de que quiera estudiar mucho.
4. Le dice al camarero que traiga los calamares.
5. Les ruegan a Marta y a Carmen que no lleguen tarde.
6. Nuestro amigo quiere que probemos la butifarra.
7. No conozco a nadie que sepa dónde está.
8. No conocemos a nadie que venga.
9. No conozco a nadie que se levante temprano.
10. No conoce a nadie que no tenga gripe.
11. Me dice que yo decida.
12. No hay nada que me guste más.
13. Es probable que lleguen esta noche.
14. Es mejor que ustedes vuelvan/vosotros volváis/usted vuelva/tú vuelvas a casa.
15. Es posible que tenga que quedarme aquí.
16. Más vale que no hablen ustedes.
17. Es posible que me hayan visto.
18. ¿Es posible que hayamos llegado?
19. Es necesario que venga en seguida.
20. No hay nada más que se pueda hacer.
21. No creo que el intérprete llegue a las nueve.
22. Dudo que sea verdad.
23. Quiere hablar conmigo antes de que lleguen.

D.

1. haga
2. seas
3. vuelvan
4. haya
5. te vayas
6. tenga

E.

1. mire
2. oiga
3. diga
4. no sea
5. pida
6. explíquemelo

F.

1. no fumen
2. vuelvan
3. no digan eso
4. pidan
5. busquen un taxi

G.

1. sube
2. baja
3. saca
4. levántate
5. prueba

H.

1. llamen
2. salgan
3. escriban
4. no hablen
5. levántense

GLOSSARY

a: to; personal a precedes a specified person when this is the direct object of the verb.
(a) la izquierda: (to) the left
(a) la derecha: (to) the right
a pie: by foot
¿a qué hora?: at what time?
a x metros: x meters away
abajo: down
abril: April
abrir: to open
abuela: grandmother
abuelo: grandfather
aburrirse: to get bored
acabar de (+infin): to have just (done)
acabar: to finish
aceituna: olive
acordarse (ue): to remember
acostarse (ue): to go to bed
actual: current
además: moreover, besides
¡Adiós!: Goodbye.
adjetivo: adjective
aeropuerto: airport
agente *(m)*: policeman
agosto: August
agua (fem. but takes el): water
agua mineral con gas: carbonated mineral water
agua mineral sin gas: still mineral water
ahora: now
ahora mismo: right now
ahorrar: to save
al: to the (a plus el)
al (+ infin.): on (+ -ing)
al fondo (de): at the end of
alcohol *(m)*: alcohol
alemán,-ana: German
algo: something
alguien: someone
allí: there
allí mismo: right there
almacén *(m)*: store

almuerzo: lunch
alquilar: to hire, lease
alto,-ta: tall, high
amable: kind
americano, -na: American
amiga: friend (female)
amigo: friend (male)
ancho, -cha: wide
año: year
anteayer: the day before yesterday
antibiótico: antibiotic
antiguo, -gua: ancient
anuncio: advertisement
apartamento: apartment
apendicitis *(f)***:** appendicitis
apetecer: to appeal
apropiado, -da: appropriate
aquel, aquella: that (near either of us)
aquello: that (near either of us) (neuter)
aquí: here
aquí tiene: here you are (when handing something to someone)
argentino, -na: Argentinian
arriba: up
asado, -da: roast
ascensor *(m)***:** elevator
así: like this
atrevido, -da: daring, bold
autobús *(m)***:** bus
autoridad *(f)***:** authority
avión *(m)***:** plane
ayuntamiento: town hall
azúcar *(m)***:** sugar
azul: blue

bajar: to go down, to take down
balanza: balance, scale
bañarse: to take a bath
banco: bank
baño: bath, bathroom
barato, -ta: cheap
bastante: enough; fairly
bastar: to be enough
¡basta de tonterías!: that's enough nonsense
bebé *(m)***:** baby

bien: well, fine
billete *(m)*: ticket
bizcocho: pound cake
blanco, -ca: white
blusa: blouse
boleto: ticket (LAm)
bolígrafo: ballpoint
bollo: bun
bolso: purse, bag
bolsa del plástico: plastic bag
bonito, -ta: attractive (of things)
bueno, pues: well, then
bueno, -na: good
Buenos días: Good day, good morning, good afternoon
buscar: to look for
butifarra: sausage

cabeza: head
caer: to fall
café con leche *(m)*: coffee with cream
café solo *(m)*: black coffee
cafeína: caffeine
calamares *(m)*: squid
calle *(f)*: street
calmantes: sedatives
cama: bed
campo: countryside
¡caramba!: oh boy!
carne *(f)*: meat
carné de identidad *(m)*: identity card
caro,-ra: expensive
carta: letter
casarse: to get married
casi: almost
caso: case
castillo: castle
catedral *(f)*: cathedral
celebrar: to celebrate
cena: dinner
cenar: to have dinner
centro: center
cerca (de): near, close (to)
cero: zero, nothing

cerquita: diminutive of cerca
cerrar: to close
cerveza: beer
¡Chao!: So long! (Particularly LAm)
chica: girl
chico: boy
chileno, -na: Chilean
chino, -na: Chinese
chorizo: salami
cielo: sky
cierto, -ta: sure, certain
cigarrillo: cigarette
cinco: five
cine *(m)*: movies
cita: appointment
ciudad *(f)*: city
¡claro!: of course!
clase *(f)*: class
cliente *(m/f)*: customer
coche *(m)*: car
cocinar: to cook
colegio: school
color *(m)*: color
colorado, -da: red
comedor *(f)*: dining room
comer: to eat
¿cómo?: how?
comida: lunch, food, meal
comparación *(f)*: comparison
comparativo: comparative
completo, -ta: complete
complicado, -da: complicated
comprar: to buy
común: common
con: with
con vista al mar: with an ocean view
concreto, -ta: concrete
condición *(f)*: condition
conducir: to drive (Spain)
conocer: to know (be acquainted with)
consejo: advice
consejos: advice
consulta: doctor's office
contar (ue): to tell, relate, to count

contener (ie): to contain
contenido: contents
contestación: answer
contestar: answer
contrario, -ria: opposite, contrary
convencer: to convince
convencido, -da: convinced
conviene que: it is appropriate that
copa: wine glass
Correos: Post Office
cosa: thing
costar (ue): to cost
croqueta: croquette
cruce *(m)*: crossroads
cruzar: to cross
cuadro: picture
cuando: when
¿cuándo?: when?
¿cuánto, -ta?: how much? how many?
cuarto, -ta: fourth
cuatro: four
cuchara: spoon
cuchillo: knife
cuenta: check (at bar, restaurant)
cuestión *(f)*: question
curioso, -sa: nosy
curso: course

dar: to give
darse cuenta de: to realize, become aware of
de: of
de acuerdo: agreed
de golpe: suddenly
de prisa: quickly
de todas formas: anyhow
¿de veras?: really?
deber: to owe, must
décimo, -ma: tenth
decir: to say
del: of the (de plus el)
delante (de): in front of
demasiado, -da: too (much)
dentro (de): inside

dependiente *(m)*: salesman
derecha: right
desafortunado,-da: unfortunate
desaparecer: to disappear
desayunar: to have breakfast
desayuno: breakfast
descafeinado,-da: decaffeinated
descansar: to rest
desde: from, since
desde hace (+length of time): for + length of time
desde luego: of course
desear: to wish, want
desesperadamente: desperately
desesperado,-da: desperate
desgraciadamente: unfortunately
despacio: slowly
despertarse(ie): to wake up
después (de): after
después: afterwards
después de + infin.: after —-ing
determinado,-da: determined
detrás (de): behind
día *(m)*: day
diálogo: dialog
diciembre: December
diez: ten
diferente: different
difícil: difficult
dinero: money
dirección *(f)*: address
distinto,-ta: different
divertirse (ie): to enjoy oneself
doblar: to turn
doble: double (of room)
doce: twelve
dólar *(m)*: dollar
doler (ue): to hurt
dolor *(m)*: pain
domingo: Sunday
dormitorio: bedroom
Don: title of respect used with first name for men.
Doña: title of respect used with first name for women.
¿dónde?: where?
¿adónde?: where to?
dos: two
ducharse: to take a shower

e: and (before i-, hi-)
echar: to pour; throw
económico,-ca: economical
edificio: building
ejemplo: example
ejercicio: exercise
él: he
el: the (masc. sing.)
ella: she
empezar: to begin
empleada: employee (female)
empleado: employee (male)
en casa: at home
en cuanto: as soon as
en: in
en serio: seriously
en total: in all
en voz alta: out loud
enamorado,-da: in love
encantado,-da: pleased to meet you
encantar: to enchant
encontrar (ue): to find
enemigo: enemy
energía: energy
enero: January
enfermedad *(f)*: sickness
enfrente (de): opposite
ensalada: salad
entonces: so, well
entrada: way in, ticket for show
entre: between
equipaje *(m)*: baggage
escalera: stairs
escalera mecánica: escalator
escribir: to write
escritorio *(m)*: desk
escuchar: to listen to
escuela: school
escuela de idiomas: language school
ese, esa: that (near you)
eso: that (near me) (neuter)
espalda: back
español,-la: Spanish
esperar: to wait; hope

esposa: wife
esposo: husband
esquiar: to ski
está bien: that's good
está en su casa: make yourself at home
estación *(f)***:** station, season
estampilla: stamp
estar: to be (location, condition)
estar citado,-da: to have an appointment
estar de moda: to be in fashion
estar de viaje: to be traveling
estar nervioso,-sa: to be uptight
estar sentado,-da: to be sitting down
este *(m)***:** east
este, esta this (near me)
estilo: style
estrecho,-cha: narrow
estrés *(m)***:** stress
estudiar: to study
estupendo,-da: great
etcétera: etc.
Europa: Europe
exactamente: exactly
examen *(m)***:** examination
explicar: to explain

fácil: easy
falda: skirt
familia: family
famoso,-sa: famous
fatal: dreadful, (fatal)
febrero: February
feliz: happy
femenino,-na: feminine
ficha: card (index), form
fiebre *(f)***:** fever
fiebre glandular *(f)***:** glandular fever
fiesta: feast day, public holiday, party
fin de semana *(m)***:** weekend
flojo,-ja: lazy (LAm.)
flor *(f)***:** flower
foto *(f)***:** photo
francamente: frankly
francés,-esa: French

fruta: fruit
fuente *(f)*: fountain
fuera: outside
fumar: to smoke
funcionar: to work, function
furioso,-sa: furious

garaje *(m)*: garage
garganta: throat
gasolina: gasoline, gas
gente *(f)*: people
Gracias: Thanks, thank you
gramática: grammar
gran: big (in front of sing. noun)
grande: big
gripe *(f)*: flu
gris: gray
guapo,-pa: attractive (of people)
guía: guidebook
gusto: taste

habitación *(f)*: room
hablar por teléfono: to talk on the phone
hablar: to speak
hablar: to talk
hace (+length of time) **que:** for (+length of time)
hace: ago
hace buen tiempo: the weather's fine
hace mal tiempo: the weather's bad
hacer calor: to be hot
hacer ceremonias: to stand on ceremony
hacer cola: to stand in line
hacer falta: to be necessary
hacer frío: to be cold
hacer las compras: to go shopping
hacer sol: to be sunny
hacer viento: to be windy
hacia: towards
hasta: until
¡Hasta luego!: So long.
hay que + infin: it is necessary to...
hermana: sister
hermano: brother
hermoso,-sa: beautiful

hija: daughter
hijo: son
¡Hola!: Hello
hombre *(m)*: man
hora: hour
hospital (*m*): hospital
hotel *(m)*: hotel
hoy: today

idea: idea
ideal: ideal
idioma *(m)*: language
igual: similar, alike
imperativo: imperative
imperfecto: imperfect
impermeable *(m)*: raincoat
importante: important
incluso: even, included
individual: single (of room)
infinitivo: infinitive
Informacíon: Information
inglés,-esa: English
inmediatamente: immediately
inmediato,-ta: immediate
inmenso,-sa: enormous
insistir: to insist
inteligente: intelligent
interesante: interesting
interesar: to interest
intérprete *(m)*: interpreter
invitar: to invite
ir: to go
ir a pie: to go on foot
ir de viaje: to go on a trip
irse: to go away
italiano,-na: Italian
izquierda: left

japonés,-esa: Japanese
Jardín Botánico: Botanic gardens
jardín *(m)*: backyard, garden
jefa: boss (female)
jefe *(m)*: boss (male)
jueves: Thursday
julio: July

junio: June
junto,-ta: together

la: the (fem. sing.)
lápiz *(m)*: pencil
las: the (fem. plural)
lavar: to wash
lavarse: to wash (oneself)
leal: loyal
leche *(f)*: milk
leer: to read
lejos (de): far away (from)
levantarse: to get(oneself) up
libra esterlina: pound sterling
libro: book
limón *(m)*: lemon
lista: list
listo, -ta: ready
llamar por teléfono: to call (on the telephone)
llamar: to call
llamarse: to call oneself
llave *(f)*: key
llegar: to arrive
llevar: to carry, wear, have with one
llover (ue): to rain
lo + adj.: the + adj. thing(s)
lo siento: I'm sorry
loco,-ca: crazy, mad
Londres: London
los: the (masc. plural)
lugar *(m)*: place
lunes: Monday

madre: mother
magnífico,-ca: magnificent
maleta: suitcase
malo,-la: bad
mañana: tomorrow
mandar por telefax: to fax
mandar: to send
manejar: to drive (LAm.)
mano *(f)*: hand
mantequilla: butter
mapa *(m)*: map (of area or country)
mar *(m)*: sea

maravilla: wonder, marvel
maravilloso,-sa: marvelous
marido *(m)*: husband
marrón: brown
martes: Tuesday
marzo: March
más vale que: it is better that
masculino,-na: masculine
mayo: May
me encanta: I adore
medicina: medicine
médico: physician
medioambiente *(m)*: environment
mejor: better
mejorarse: to get better
menos cuarto: quarter to
mermelada: jelly
mes *(m)*: month
metro *(m)*: subway
mexicano,-na: Mexican
mi (s): my
mientras tanto: meanwhile
miércoles: Wednesday
mío,-a: (of) mine
mirar: to look at
mismo,-ma: same, very
moda: fashion
momentito: said when someone is asked to wait a moment.
momento: moment
monedero: change purse
montar a caballo: to ride
monumento: ancient building
morir (ue): to die
mostrar (ue): to show
moto *(f)*: motorbike
mucho gusto: pleased to meet you
mucho,-cha: a lot of, many
mueble *(m)*: piece of furniture
muebles: furniture
mujer: wife, woman
museo: museum
muy: very

nacionalidad *(f)*: nationality
nada: nothing
nadie: no-one
naranja: orange
necesario, -ria: necessary
negro,-gra: black
nevar: to snow
¡ni hablar!: no way!
ni mucho menos: and much less, far from it
nieta: granddaughter
nieto: grandson
nieve *(f)*: snow
no ... en absoluto: not ... at all
no es verdad: that's not true
no hay de qué: you're welcome
no me apetece: it does not appeal to me
no: no, not
¡No me diga!: You don't say!
no...todavía: not...yet
noche *(f)*: night
nombre *(m)*: name
noreste *(m)*: north-east
normal: normal
normalmente: normally
noroeste *(m)*: north-west
norte *(m)*: north
nosotras: we (fem.)
nosotros: we (masc.)
noveno,-na: ninth
novia: girlfriend
noviembre: November
novio: boyfriend
nube *(f)*: cloud
Nueva York: New York
nueve: nine
nuevo,-va: new
número: size (of shoe); number

o: or
o sea: that is to say
Objetos perdidos: Lost and Found Office
obra: work, play
las obras: road works
ocho días: one week
ocho: eight

octavo,-va: eighth
octubre: October
oeste *(m)*: west
oficina: office
oídos: ears
¡oiga!: hey!
oír hablar de: to hear (mention) of
ojo: eye
¡ojo!: watch out!
olvidar: to forget
once: eleven
ordenador: computer
os: you (object pl. reflexive pl.)
otro poco: a little more
otro,-tra: other, another

padre: father
padres *(m)*: parents
página: page
país *(m)*: country
pan *(m)*: bread
panadería: bakery
pantalón *(m)*: pants
paquete: packet
par *(m)*: pair, couple
para: for, in order to
paraguas *(m)*: umbrella
París: Paris
parque *(m)*: park
pasado mañana: the day after tomorrow
pasaporte *(m)*: passport
pasar: to spend, pass, happen
pasarlo bien: to have a good time
pasear: to walk around
paseo: leisurely stroll around town
pasta: cookie
pedir (i): to ask for
película: movie
peligro: danger
pensar (ie) en (+ infin): to think of (-ing)
pensar (ie): to think
pensar de: to think of (opinion)
pensión *(f)*: small hotel

peor: worse
pequeño,-ña: small
perder (ie): to lose
¡perdone!: sorry!
perezoso, -sa: lazy (Spain)
perfecto, -ta: perfect
perfecto: the perfect tense
periódico: newspaper
pesadilla: nightmare
pesar: to weigh
peso: weight
petróleo: (crude) oil
pierna: leg
piso: appartment, storey, floor
plano: street map
planta baja: floor on street level
plástico: plastic
plátano: banana
plato: plate
playa: beach
plaza: square
plomo: lead
plural *(m)*: plural
poder: to be able
pollo asado: roast chicken
pollo: chicken
poner: to put
por: for (through, by), on
por aquí: around here
por avión: by airplane
por eso: that's why
por favor: please
por la mañana: in the morning
por lo general: in general, usually
por lo tanto: therefore
por supuesto: of course
por todas partes: all around, everywhere
porque: because
postal *(f)*: postcard
postre *(m)*: dessert
prácticamente: practically
práctico,-ca: practical
preferir (ie): to prefer

pregunta: question
preparar: to prepare
prepararse: to get oneself ready
preposición *(f)*: preposition
presentación *(f)*: introduction
primo: cousin
probar (ue): to try (on)
problema *(m)*: problem
profesor *(m/f)*: teacher
programa *(m)*: program
pronto: soon
propina: tip
proteína: protein
prudente: sensible
pueblo: village
puente *(m)*: bridge
puerta: door
pues: so, well; then, next
pulpo: octopus
puntual: punctual

que: who, which
¿qué?: what?
¡que aproveche!: bon appétit
¡Qué cosa!: How amazing!
¿Qué desea?: Can I help you?
¡Qué horror!: How awful!
¡Qué lástima!: What a pity!
¡Qué suerte!: What luck!
¿Qué tal?: How are things? How are you? How is ...?
¡Qué susto!: What a shock!
¿Qué tiempo hace?: What's the weather like?
¡Qué tontería!: How crazy!
¡Qué va!: No way!
quedarse: to stay behind
¿quién(es)?: who?
¿quién?: who?
querer: to wish, to want
quien: who
quince días: two weeks
quinto,-ta: fifth
quisiera: I should like
quitar: to take away

radio *(f)* (Sp.): radio
radio *(m)* (L.Am.): radio
rápidamente: quickly
rápido,-da: quick
realmente: really
recepción *(f)*: reception
recepcionista: receptionist
reciclaje *(m)*: recycling
recipiente *(m)*: receptacle
recipiente vidrio *(m)*: glass collection point
reconocimiento: medical examination
refrán *(m)*: proverb, saying
regalar: to give as a present
regalo: gift
Reino Unido: the U.K.
rellenar: to fill out
reserva: reservation
restaurante *(m)*: restaurant
resuelto,-ta: resolute
resultado: result
rey *(m)*: king
rico,-ca: rich
ridículo,-la: ridiculous
río: river
risa: laughter
rogar: to ask, beg
rojo,-ja: red
rosa: pink
ruso,-sa: Russian

sábado: Saturday
saber: to know (fact)
sacacorchos *(m)*: corkscrew
sacar fotos: to take photos
sacar las entradas: to buy the tickets
sacar: to take out
sala de espera: waiting room
sala de estar: living room
salir: to leave, to go out
salud *(f)*: health
¡salud!: cheers!
se: himself, form of le when accompanied by lo(s), la(s)
secretaria: secretary
según: according to, it depends

segundo,-da: second
seguro,-ra: safe
seis: six
sello: stamp
semáforo: traffic light
Semana Santa: Holy Week
señor: gentleman; mister
señora: lady; mrs.
señorita: young lady; miss
sentado,-da: sitting
sentir (ie): to feel
septiembre: September
séptimo,-ma: seventh
ser: to be (characteristics, definitions)
servilleta: napkin
servir (i): to serve
servirse (i): to serve oneself (at table)
sesión de noche *(f)*: late evening performance
sesión de tarde *(f)*: early evening performance
sexto,-ta: sixth
si: if
sí: yes
siesta: afternoon nap
siete: seven
simpático,-ca: friendly
simple: simple
sin: without
sincero,-ra: sincere
sobrino: nephew
sofá: couch
solo,-la: alone
su (s): his, her, your, their
subir: to go up, to take up
sucio,-cia: dirty
sudeste *(m)*: south-east
suelto: change
suéter *(f)*: sweater
superlativo: superlative
supermercado: supermarket
sur *(m)*: south
susto: shock
suyo,-ya: (of) his, hers, yours, theirs

tacón *(m)*: heel
tal vez: perhaps

tambíen: also
tampoco: nor; not either
tanto: so much
tapas: snacks taken with drinks
tardar (en + infin): to take a long time (in -ing)
tarde *(f)*: afternoon, evening
tarifa: rate, tariff
taxi *(m)*: taxi
te: you (object sing; reflexive sing)
teatro: theater
telefax (*m*): fax
telefonear: to telephone
teléfono: telephone
televisor *(m)*: television set
temer: to fear
temprano: early
tener ganas: to want to
tenderse (ie): to lie down, stretch out
tenedor *(m)*: fork
tener: to have
tener calor: to be hot
tener frío: to be cold
tener hambre: to be hungry
tener que: to have to
tener razón: to be right
tener sed: to be thirsty
tener suerte: to be lucky
tener x años: to be x years old
terraza: terrace
terraza de un café: sidewalk café
tía: aunt
tienda: store
timbre *(m)*: stamp
tío: uncle
tíos: uncle and aunt
todo recto: straight ahead
todo,-da: all
todos los días: every day
tomar: to take
toro: bull
tostada: toast
total: complete
totalmente: totally

trabajo: work, job
traer: to bring
tranquilo, -la: calm, quiet
tratar de (+infin.): to try to
tren *(m)*: train
tres: three
triste: sad
tú: you (inf. sing.)

u: or (before o-, ho-)
un momento: a moment
un poco: a little
un poquito: a little
único,-ca: only
unidad *(f)*: unit
uno: one
uso: use
usted: you (polite singular)
ustedes: you (polite plural)

vaca: cow
vacaciones: vacation
valer: to be worth
valor *(m)*: value
vaso: glass
veinte: twenty
veinticinco: twenty-five
venezolano,-na: Venezuelan
venir: to come
ver: to see
verbo: verb
verdad *(f)*: the truth
¿verdad?: right?
verde: green
viajar: to travel
viaje *(m)*: journey
viajero: traveler
vidrio: glass
vientre *(m)*: abdomen
viernes: Friday
vino: wine
visitar: to visit
vista: sight, view
vitamina: vitamin

vivir: to live
vocabulario: vocabulary
volver a + infin.: to xx again
volver: to return
vosotros,-tras: you (inf. plu.)
vuestro,-tra: your (inf.plu)

y: and
y cuarto: quarter past
y media: half past
ya está: that's it
ya: now, already

zapato: shoe
zapatos deportivos: sneakers